- TRAVAILLEURS SOCIAUX -

INTERVENTIONS
EN TRAVAIL SOCIAL

ACCOMPAGNER SANS S'ÉPUISER

Michelle Arcand Lorraine Brissette

Éditions Lamarre
26, avenue de l'Europe
78140 Vélizy

ISBN 2-85030-388-7

À Charley, qui m'a généreusement accueillie dès mes premiers jours de vie. À celui qui m'a toujours fait confiance et qui a su canaliser mon énergie en me montrant la voie des émotions, de la spontanéité et de l'imagination. À celui qui savait rire et s'amuser et qui n'a jamais perdu ses rêves d'enfant et ses éclats de joie spontanés. Merci!

L.B.

Préface

Au cœur de l'actualité

La turbulence organisationnelle a marqué les dix dernières années. La majorité des secteurs de travail ont été touchés par la réduction des effectifs, les fusions et les réorganisations de tout genre. Le personnel a souvent été réaffecté, les tâches ont été modifiées et généralement alourdies, le tout dans un contexte de précipitation où le rythme d'apprentissage individuel est forcé. Efforts supplémentaires, conflits, remises en question représentent un contexte idéal pour le développement de l'épuisement professionnel. Les absences pour cause de maladie ont crû à un rythme que personne n'arrive à évaluer, compte tenu de l'absence de consensus autour d'un diagnostic médical spécifique. En effet, les diagnostics les plus souvent utilisés pour décrire l'épuisement professionnel sont les troubles anxieux, la dépression ou les troubles de l'adaptation avec inhibition au travail. À l'occasion, les compagnies d'assurances dévoilent quelques chiffres qui témoignent d'une augmentation substantielle des absences de longue durée pour cause de « maladie mentale ».

Fait encore plus éloquent : la mise sur pied récente par certains employeurs et compagnies d'assurances de mesures de gestion de l'absentéisme. Des conseillers en réadaptation ont pour mandat de s'assurer que le « malade » mobilise toutes les ressources nécessaires pour guérir rapidement et retourner au travail sans délai indu. Ce contrôle vise à réduire les coûts des absences au travail devenus excessifs aux yeux des employeurs et des assureurs.

Les intervenants sociaux sont doublement touchés par cette problématique. D'une part, ils vivent la turbulence organisationnelle au même titre que d'autres catégories d'employés. En effet, les réformes et les compressions budgétaires subséquentes ont amené des modifications importantes dans le réseau de la santé et des services sociaux. D'autre part, les intervenants sociaux pratiquent un métier identifié depuis longtemps comme étant « à risque » pour l'épuisement professionnel. Les difficultés associées à ce métier d'aide, où il est facile de donner plus que de recevoir, ont été décrites dès les années 70 par les premiers théoriciens du sujet ; la notion d'usure émotionnelle a été mise de l'avant à cette époque par la recherche sur ce phénomène. Il est donc particulièrement pertinent qu'un livre soit consacré à ces professionnels.

Au cœur de la problématique

Ce livre va à l'essentiel, car il s'adresse au sens qu'accorde chaque individu au travail. Contrairement à la croyance populaire, l'épuisement professionnel ne peut être ramené à un simple problème de surmenage. Si c'était le cas, l'excès de fatigue se résorberait facilement avec le repos. Or, la réalité est beaucoup plus complexe. Une forme de démoralisation est sous-jacente au manque d'énergie constaté. Cette démoralisation est causée par un écart trop grand entre l'effort fourni et la gratification qui en résulte. Cette discordance revêt des couleurs diverses : conflits de valeurs, désillusion, dévalorisation, sentiment d'injustice ou d'inefficacité, etc. Les auteures offrent des pistes précieuses pour cerner ce problème central en proposant à chacun l'étude de ses attentes et de ses besoins liés au travail.

Ce livre fait intelligemment le tour de la question de l'épuisement professionnel en incluant une perspective contextuelle, évitant de limiter le problème à la responsabilité de chaque individu. Les chapitres sur l'équipe et l'organisation témoignent d'une très bonne connaissance des milieux de pratique ; à cet égard, les perspectives d'analyse et d'action proposées sont très réalistes.

Au cœur de l'apprentissage

Avec le sens pédagogique qui les caractérise, les auteures placent la réflexion fondamentale sur le sens du travail au début de la démarche d'analyse, dénonçant au passage les écueils et les distorsions qui mènent à la poursuite d'objectifs irréalisables ou encore dommageables à l'équilibre personnel. Leur solide expérience de formatrices leur a permis de mettre au point des « activités de réflexion » qui permettent au lecteur de s'approprier le matériel présenté.

Enfin, ce livre a le grand mérite d'être cohérent et de proposer des concepts qui servent de fil conducteur tout au long de la démarche. Ces concepts organisateurs facilitent l'intégration de la matière proposée ainsi qu'un rappel ultérieur. Le présent document constitue donc un outil précieux tant pour les intervenants sociaux, que pour les formateurs et les thérapeutes.

Félicitations aux auteures !

Diane Bernier t.s.
Professeure titulaire
École de service social
Université de Montréal

Table des matières

Introduction

«J'aimerais avoir un rendez-vous le plus rapidement possible. Je suis au bout du rouleau. Je sens que je vais craquer.»

Céline est travailleuse sociale depuis une bonne vingtaine d'années. Vingt-quatre ans, précise-t-elle. «J'ai toujours eu besoin d'aider les autres. Nous étions six à la maison. Étant l'aînée des filles, je prenais la relève de ma mère et j'assumais mon rôle de grande sœur pour l'aider dans les différentes tâches de la vie quotidienne. Comme j'étais studieuse et que j'apprenais vite, il me restait du temps pour vaquer à d'autres occupations. Mon père travaillait dans une usine de textile. Nous n'étions pas très riches, il fallait donc mettre la main à la pâte. Intérieurement, je me donnais comme mission de rendre la vie plus agréable autour de moi. Mes frères et sœurs plus jeunes bénéficiaient souvent de mon aide pour effectuer leurs travaux scolaires. En me couchant le soir, j'éprouvais de la satisfaction personnelle lorsque je sentais que j'avais fait du bien et que tout était en ordre.

«Dans ma famille, les oncles et les tantes me disaient bonne à marier, et cela me flattait. J'ai dû travailler fort pour convaincre mes parents de me laisser poursuivre mes études. Ils ont finalement acquiescé à ma demande, pourvu que je fasse des études collégiales plutôt qu'universitaires. Cependant, j'ai pu étudier dans le domaine pour lequel j'étais, à mon avis, destinée: le travail social.

«À mon entrée sur le marché du travail, comme je travaillais vite, que j'étais bien organisée et responsable, j'ai fait bonne impression auprès de mes employeurs. Il ne s'est pas passé beaucoup de temps avant qu'on me confie des dossiers difficiles. Je plongeai donc tête et cœur dans des problèmes sociaux qui dépassaient tout ce que j'avais pu lire sur le sujet. Bref, je fus initiée rapidement aux réalités de la vie sans pourtant être suffisamment outillée ni préparée pour leur faire face avec compétence. La pression était énorme. Au bureau, tout le monde courait. Une règle implicite bien sûr, disait qu'il fallait avoir l'air occupé si l'on ne voulait pas qu'on augmente notre tâche. Il y avait une consolation, cependant. À cette époque, nous avions une certaine marge de manœuvre et d'autonomie dans notre travail. C'était un avantage mais aussi un risque, parce que nous n'avions pas beaucoup de soutien. Je crois que j'ai tenu le coup grâce aux différentes formations que j'ai suivies. Toutefois, mon travail et mes loisirs occupaient le même champ d'activité.

«Entre-temps, je me suis mariée et j'ai eu une fille. Quelques années après mon mariage, mon mari me quittait pour une autre. J'ai encaissé le coup sans me plaindre. Je n'étais pas particulièrement heureuse avec lui, mais jamais je ne serais partie de la maison. Je ne me le serais pas permis à cause de ma fille. Je voulais la protéger et lui assurer une famille stable. Actuellement, mon mari et moi en partageons la garde. Les premières fois que je me suis retrouvée seule à la maison pour toute une longue semaine, j'ai paniqué. Puis j'ai découvert que je ne savais pas m'occuper de moi.

«Par la suite, pour toutes sortes de raisons administratives, j'ai dû changer de poste. Je suis passée du secteur de l'enfance au secteur des personnes âgées. Je fus complètement déroutée. Avec les fameuses compressions budgétaires, nous devons répondre à des besoins sans avoir ni les outils ni les ressources nécessaires. Mes collègues vivent les mêmes difficultés, et c'est le chacun pour soi qui règne. Les félicitations se font rares, même si nos gestes tiennent parfois de l'exploit, compte tenu des circonstances. J'ai besoin d'être entourée, de sentir que j'appartiens à une équipe. L'atmosphère au travail m'affecte beaucoup. C'est le désordre partout et il n'y a plus de points de repère. Depuis quelque temps, quand je rentre chez moi après le travail, je n'ai qu'une idée entête: débrancher le téléphone.

«Je me suis rendu compte que je commençais à flancher lorsque j'ai constate que j'avais la phobie des réunions de service, que je mettais de plus en plus de temps à retourner mes appels, que j'allongeais mes pauses un peu plus chaque jour et que j'avais un haut le cœur dès que j'ouvrais un journal traitant de problème sociaux. J'ai décidé de demander de l'aide psychologique parce que je n'arrive plus à trouver le repos, ni du corps ni de l'esprit. Je suis devenue insomniaque et très irritable. Ce matin, alors que j'étais en retard pour mon travail, ma mère m'a tenue longuement au téléphone pour une histoire de chat. Je lui ai raccroché au nez après lui avoir dit méchamment qu'elle m'avait toujours utilisée. J'ai pleuré tout l'avant-midi. Mes collègues m'ont dit de laisser ma vie privée chez moi. Ce n'est pas si simple que ça!»

Le discours de Céline ressemble, en plusieurs points, aux propos que nous tiennent ses collègues en état d'épuisement quand ils nous consultent. Les grandes questions, notamment celles sur le sens du choix professionnel, sur le rôle au travail et dans la famille, sur la propension à se culpabiliser facilement ou à se surresponsabiliser, sur les difficultés à reconnaître les besoins et à les respecter, ainsi que sur la difficulté à faire des choix, refont surface.

Nous avions déjà observé de tels éléments de discours et de telles questions chez des aidants naturels épuisés venus nous consulter en bureau privé. Et le besoin de créer des outils de prévention dans notre travail en CLSC (Centre local de services communautaire) nous avait amenées à systématiser nos observations et à les organiser sous forme de processus. Un grand nombre d'intervenants sociaux, intéressés par notre démarche avec les familles nous ont demandé de leur fournir des outils de prévention propres à leur profession. Nous avons donc élaboré une démarche de prévention de l'épuisement en nous référant aux valeurs, aux croyances, au vécu émotif ainsi qu'aux besoins observés chez les travailleurs sociaux que nous avons vus en consultation.

Nous nous sommes également inspirées des travaux du Dr Alexander Lowen en ce qui a trait à l'énergie. Dans cet ouvrage, nous présentons, à travers une série de thèmes qui s'enchaînent logiquement, une démarche qui s'applique tant à la prévention de l'épuisement qu'au recouvrement de l'énergie. De plus, cette méthode offre, aux personnes qui se sont déjà rendues jusqu'à l'épuisement, la possibilité de mieux comprendre la source de leur état afin d'éviter les rechutes possibles.

Cet ouvrage présente une alternance de théories et d'applications à travers des activités de réflexion que le lecteur pourra utiliser pour lui-même ou pour travailler avec des clients. Très polyvalent, il s'adresse aux travailleurs sociaux, aux psychoéducateurs et à tous les intervenants des secteurs public et communautaire qui travaillent en relation d'aide auprès d'une clientèle vivant des problèmes sociaux variés. Sachez tirer profit de votre lecture et prévenir l'épuisement.

CHAPITRE

1

Le principal matériau de l'intervention sociale: l'énergie

Depuis le début de sa formation, l'intervenant social entend parler des outils indispensables à l'exercice de sa profession. Ces outils concernant le savoir et le savoir-faire sont constitués de divers modèles théoriques, de nouvelles approches cliniques et des modalités d'application des politiques sociales. Sur le plan du savoir-être, l'intervenant social est conscient de la nécessité de participer à des activités de croissance personnelle afin d'améliorer son savoir-être en relation d'aide. Il est rare, cependant, que l'on aborde avec lui ce qui, outre ces outils d'intervention, le soutiendra tout au long de sa carrière, soit le fonctionnement de l'énergie.

Durant toute sa pratique professionnelle, l'intervenant social se verra proposer différentes formations qui auront pour objectif de le soutenir dans sa tâche. Sans nier la pertinence de ces formations, nous croyons que, avant d'aborder la question du perfectionnement personnel et professionnel, il serait de la plus haute importance d'amener l'intervenant social à approfondir la connaissance de son mode de fonctionnement en matière d'énergie. Dans ce domaine comme dans bien d'autres, il nous arrive souvent d'éviter de parler des évidences. Or, l'importance de connaître le fonctionnement de l'énergie nous paraît une évidence lorsque nous voulons comprendre ce qui entre en jeu dans le travail professionnel et, par là, dans l'épuisement professionnel.

Le mot «énergie» serait-il devenu un mot passe-partout à la mode? Qu'en est-il au fait de l'énergie? De façon très simple, ne pourrions-nous pas considérer l'énergie comme le carburant de toute action humaine? Dans ce sens, nous croyons que le docteur Alexander Lowen est l'auteur qui a donné la définition la plus précise de l'énergie. Il est lui-même, à quatre-vingt-cinq ans, un témoignage vivant des notions qu'il avance dans ses ouvrages. Pour lui, *l'énergie existe, l'énergie s'épuise* et *l'énergie se renouvelle*. Bref, quelle que soit la profession que nous exercions, nous utiliserons toujours de l'énergie humaine. Il serait donc utile d'apprendre à bien manœuvrer dans cet univers qu'est l'énergie.

Toujours selon Alexander Lowen, certaines personnes naissent avec plus ou moins d'énergie que d'autres. Cependant, même celles qui ont de grandes ressources énergétiques ne sont pas à l'abri de l'épuisement, pas plus que le millionnaire n'est à l'abri de la faillite. Ainsi croyons-nous que la prévention de l'épuisement concerne chacun de nous, et à plus forte raison l'intervenant social qui aura pendant toute sa carrière à utiliser sa propre énergie pour aider les autres à la retrouver ou à mieux la gérer.

Au fond, lorsqu'un intervenant social tente d'aider les gens à se reprendre en main, ne cherche-t-il pas à améliorer leur fonctionnement énergétique? Les clients apathiques, découragés, déprimés, blasés, désespérés ou exclus du système, que nous demandent-ils? Lowen répond admirablement bien à cette question en nous disant que la personne déprimée est avant tout déprimée énergétiquement et que, si elle nous consulte, c'est qu'elle ne sait pas comment s'y prendre pour sortir de l'impasse. Les intervenants sociaux doivent donc s'attendre à utiliser une grande partie de leur énergie pour aider le client à redémarrer. Nous pourrions utiliser ici une batterie de voiture comme analogie. Lorsqu'un client est en panne, il a besoin de l'énergie d'une autre batterie pour pouvoir redémarrer. Étant donné que nous ne pouvons éviter cette transmission énergétique, ne vaut-il pas mieux s'y préparer? Ne dit-on pas qu'une personne avertie en vaut deux?

L'énergie

L'énergie existe

Que pouvons-nous dire pour parler d'une évidence? Ne serait-il pas intéressant de nommer ici quelques expressions populaires à propos de l'énergie?

Quand nous nous sentons plein d'énergie, nous utilisons des expressions telles que: «Je suis chargé à bloc, j'ai de l'énergie à revendre, je déborde d'énergie, je pète le feu, j'ai la forme.» Au contraire, quand nous nous sentons en manque d'énergie, nous disons plutôt: «Je suis vidé, à plat, au bout du rouleau, en panne, etc.» Quoi qu'il en soit, ces expressions de plein et de vide se rapportent à l'énergie. Quoi dire d'autre de l'énergie sinon qu'elle est là en soi et autour de soi. Nous sommes entourés de sources d'énergie: le soleil, une note de musique, le cycle des saisons… La vie elle-même est signe de l'énergie.

L'énergie s'épuise

Bien qu'elle soit présente en soi et autour de soi, l'énergie s'épuise. Cela aussi est une évidence. Par contre, ce qui est moins évident pour plusieurs personnes, c'est comment elles sont arrivées à cet état d'épuisement. Il peut s'agir d'un épuisement passager ressemblant plus à de la fatigue et qu'une bonne nuit de sommeil suffit à réparer, mais il peut s'agir aussi d'un épuisement plus profond qui s'est installé sournoisement. Une grande partie de cet ouvrage sera consacrée à comprendre ce processus insidieux par lequel nous nous épuisons.

Tout d'abord, à quoi peut-on reconnaître l'épuisement et comment peut-on le distinguer d'un état de fatigue ou d'un état dépressif? Comme nous l'avons mentionné précédemment, l'épuisement n'est pas un état de fatigue que l'on peut faire disparaître par le repos. Tout au plus, le repos peut permettre à l'individu de continuer de se maintenir à flot encore quelque temps, mais ce n'est que partie remise: l'épuisement risque de réapparaître tôt ou tard. Nous savons maintenant que l'épuisement n'est pas un état de fatigue avancé. Mais comment le distinguer d'un état dépressif?

Lowen nous dit qu'une personne déprimée psychiquement est déprimée aussi sur le plan énergétique. Nous avons cependant constaté qu'une personne épuisée n'est pas forcément déprimée. Elle peut toutefois le devenir lorsqu'elle ne sait plus comment retrouver son énergie et qu'elle voit son état d'épuisement se prolonger. Suit alors une phase de dépression qui augmente l'état d'épuisement. Les personnes qui ne savent plus comment reconquérir leur énergie sont les mêmes personnes qui ne savent pas répondre à la question: «Comment suis-je arrivé à m'épuiser ainsi?»

Faisons maintenant plus clairement la distinction entre la dépression et l'épuisement. Sans prétendre fournir des définitions scientifiques et exhaustives de ces phénomènes, mais en vue d'aider le lecteur à se repérer, nous partageons ici le fruit de nos observations. Les personnes déprimées semblent surtout préoccupées par des questions philosophiques se référant au sens de la vie en général; elles s'interrogent sur le sens de leur existence. Les personnes épuisées, quant à elles, se sentent incapables de poser les gestes qui donnaient jusque-là un sens à leur existence, ce qui finalement les déprime. Certaines personnes n'ont jamais trouvé leur voie et sont chroniquement déprimées, tandis que d'autres, qui avaient trouvé leur voie, ne sont plus capables de s'y maintenir. Bref, dans le cas de la dépression, on parle de signification ou de sens que l'on donne à sa vie et, dans l'épuisement, il est question de direction que l'on donne à sa vie.

L'épuisement a été largement décrit dans la littérature américaine sur la psychologie et dès 1976 les chercheurs adaptaient la définition de l'épuisement au domaine de l'intervention sociale en le décrivant comme «un syndrome de fatigue physique et émotionnelle qui amène l'individu à une perception de soi dévalorisée, des attitudes négatives au travail et une diminution importante de l'implication personnelle auprès des clients[1]». L'épuisement est un syndrome qui s'installe insidieusement et par étapes. Dans un premier temps, l'intervenant social en voie d'épuisement traverse une période de suractivité. Il consacre la plus grande partie de son temps au travail, dans lequel il s'investit totalement. Commencent alors à apparaître des symptômes de malaises physiques tels que les maux de dos et les troubles reliés au sommeil ou à l'alimentation.

Dans un deuxième temps, la suractivité persiste, mais des troubles s'apparentant aux états dépressifs apparaissent: fatigue, ennui, tristesse, fort sentiment de dévalorisation, intolérance. Les premiers arrêts de travail ne sont alors pas loin. Vient finalement l'effondrement physique et psychologique où l'intervenant social se sent incapable de fonctionner et où un sentiment de peur permanente le conduit à utiliser tous les moyens possibles pour s'éloigner de ses responsabilités et de son lieu de travail: absences, retards, congés de maladie répétés, etc.

1. Maslach, C. (1982), *Burn Out, the Cost of Caring*, New York, Prentice-Hall.

Que faire pour prévenir une telle situation? Que faire quand on observe ces symptômes chez nos collègues ou qu'on les ressent soi-même? Beaucoup d'ouvrages sur l'épuisement proposent des moyens pour reconquérir notre énergie avec des thèmes comme: comment gérer le stress, comment apprendre à se relaxer, comment prendre soin de soi. L'image la plus caricaturale que nous y retrouvions est certainement celle du bain relaxant à la chandelle! Sans nier qu'il s'agisse là de moyens et d'outils utiles, force nous est de reconnaître que le chemin de l'épuisement pour une personne n'est pas nécessairement le même pour une autre. Inversement, la récupération de l'énergie ne passe pas par une seule et même voie, et l'on ne peut donc prétendre proposer un seul et même moyen pour tous. Par ailleurs, la connaissance du processus qui mène à l'épuisement peut nous permettre de découvrir les éléments de notre vie personnelle et professionnelle qui posent problème et, conséquemment, de trouver des solutions adaptées à chaque situation.

Des gens bien intentionnés proposent aux personnes épuisées de prendre des vacances, du repos ou de se retirer de certaines situations exigeantes. Ce sont en général les premières solutions adoptées. En fait, dans la vie, nous consommons inévitablement de l'énergie lorsque nous sommes en action. Pour éviter de s'épuiser, il ne s'agit pas simplement de cesser d'être en action ou de fuir les situations énergivores; nous cesserions de vivre, rien n'aurait plus de sens et nous deviendrions de toute façon déprimés. Prévenir l'épuisement ne signifie pas uniquement éviter les agents stresseurs, bien que cela puisse parfois être nécessaire, mais aussi reconnaître pour soi les lieux de perte d'énergie et les sources d'approvisionnement en énergie.

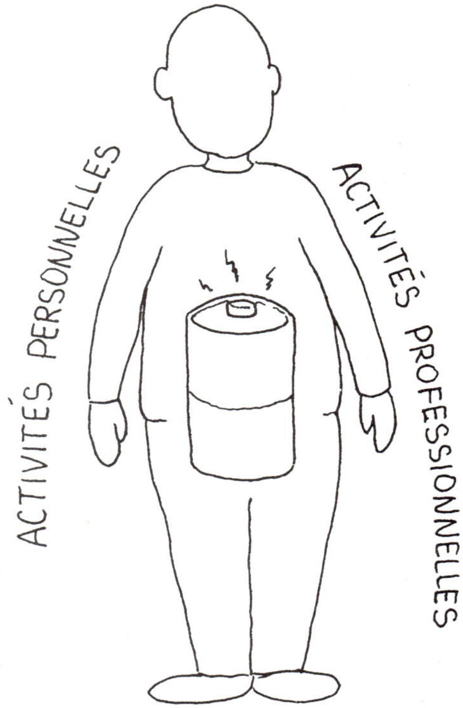

L'énergie, la même pour les activités personnelles et professionnelles

L'énergie se renouvelle

Effectivement, l'énergie se renouvelle, et c'est heureux! Elle se renouvelle de façon tangible par le repos et une bonne alimentation et, plus subtilement, par toutes sortes de situations menant au bien-être, à la joie et à la satisfaction personnelle. À ce chapitre, il nous faut dire que ce qui renouvelle l'énergie des uns ne renouvelle pas forcément l'énergie des autres. Par exemple, l'écoute de la musique peut remonter le moral d'une personne, tandis qu'une autre aura besoin de partir en voyage, de relever des défis, de vivre une aventure. Les avenues du ressourcement sont multiples et diverses; nous proposerons plus loin dans cet ouvrage différents exercices afin de les découvrir.

L'énergie se renouvelle également lorsqu'il y a une juste adéquation entre nos investissements d'énergie et le retour à ces mêmes investissements. Par retour, nous entendons les gratifications sociales, affectives ou matérielles qui peuvent découler de nos actions. Le ressourcement, tout comme le retour, est un moyen de refaire le plein d'énergie. Des moyens simples comme le repos ou les activités de détente, de relaxation ou de loisir sont autant d'occasions de ressourcement. On peut parler ici d'une hygiène de vie. Le retour, quant à lui, est une notion beaucoup plus formelle reliée à un investissement d'énergie particulier tel que l'éducation de ses enfants, l'écriture d'un livre ou le travail en relation d'aide. De fait, le retour est en lien avec les retombées positives d'un investissement en particulier.

Pour illustrer la notion centrale de retour, prenons l'exemple du compte en banque. Imaginons que nous possédons tous un compte en banque énergétique. Ce compte

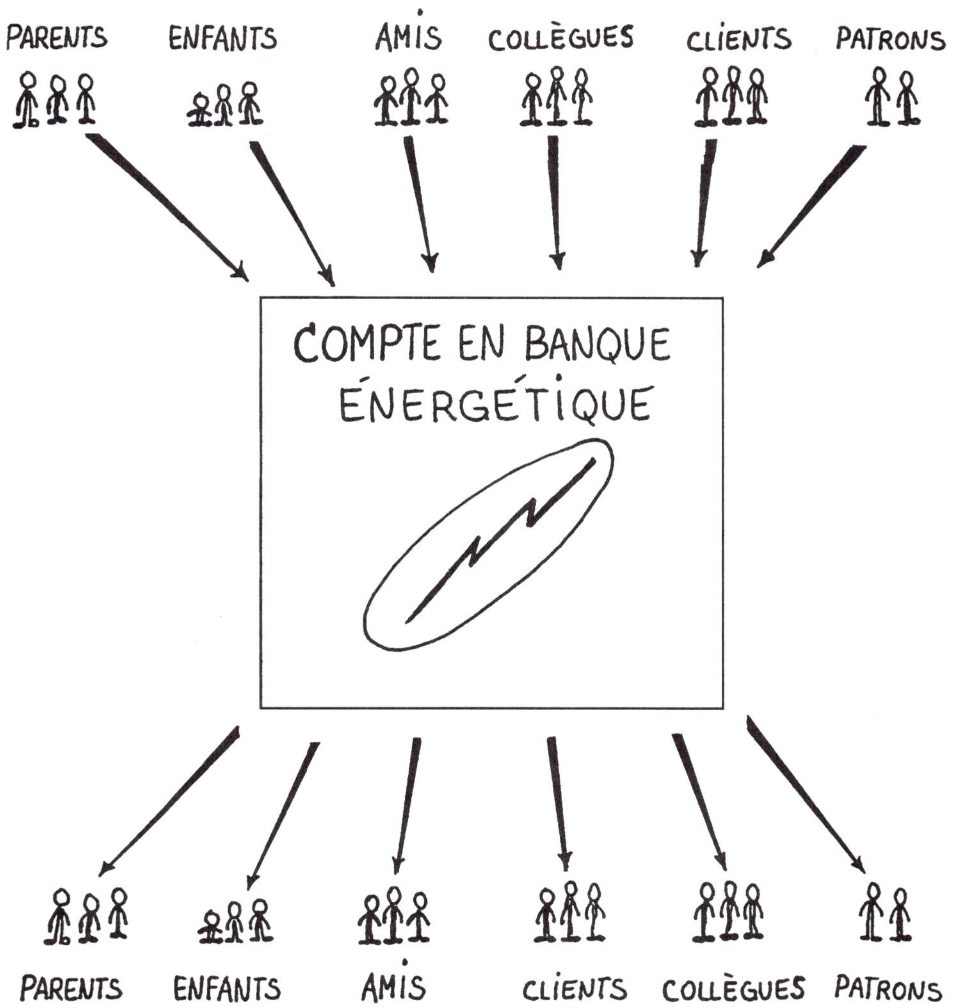

peut être, comme nous l'avons déjà dit, plus ou moins bien garni selon les individus. Nous dépensons quotidiennement le capital de ce compte en donnant notre énergie à nos clients, à nos collègues, à notre patron, à nos parents, à nos enfants ou à nos amis. La relation d'aide en elle-même est particulièrement coûteuse en investissement d'énergie. Qu'arrive-t-il lorsque l'énergie dépensée dépasse le contenu du compte en banque? Nous sommes alors en «faillite énergétique», c'est-à-dire en situation d'épuisement énergétique. Il existe évidemment deux façons de prévenir cette situation. La première consiste à réduire nos investissements d'énergie, et c'est ce que la plupart des gens nous conseillent de faire. «Repose-toi, fais-en moins pour les autres, apprends à dire non, prends des vacances.»

L'autre façon de prévenir la faillite est de remettre de l'énergie dans le compte en banque. Nos clients peuvent nous en redonner en nous manifestant leur reconnaissance ou en progressant. Nos collègues et nos patrons le font aussi lorsqu'ils reconnaissent ouvertement nos succès, et nos conjoints et nos amis aussi lorsqu'ils nous rendent notre affection ou nos attentions. Il n'est pas toujours nécessaire que le retour provienne des personnes à qui nous avons le plus donné. Un intervenant social qui reçoit peu de retour dans son milieu de travail peut, dans sa vie personnelle ou sociale, trouver un retour énergétique qui lui permette de continuer à s'investir dans sa profession. Inversement, nous voyons régulièrement des individus dont la vie personnelle est peu gratifiante s'investir à fond dans leur travail, car ils y trouvent un retour adéquat.

L'épuisement est un phénomène global qui ne découle pas uniquement du travail. En conséquence, nous parlerons peu d'épuisement professionnel, mais plutôt d'épuisement.

Nous croyons qu'il y a à la fois confusion et tentation de coupure entre les notions d'épuisement personnel et d'épuisement professionnel. Pourquoi? Dans un article français datant de 1992, on mentionne qu'il est malaisé de parler d'épuisement. «Le sujet est tabou, car on confond encore fréquemment usure personnelle et professionnelle[2].» Nous pouvons comprendre à travers cette affirmation que l'usure personnelle renvoie plus facilement à soi et peut nous culpabiliser, tandis que l'usure professionnelle se rapporte à l'organisation. Selon la position occupée dans une situation d'épuisement, les acteurs ont des intérêts différents dans le choix de la terminologie. Mais il ne s'agit pas ici de départager les responsabilités; nous reviendrons plus tard sur cette question. C'est l'individu qui est touché par l'usure ou l'épuisement, et cette situation a toujours un rapport plus ou moins grand avec la qualité et la quantité des retours.

En réalité, nous ne nous épuisons pas toujours parce que nous donnons beaucoup. Nous pouvons dépenser beaucoup d'énergie et sur de longues périodes si nous recevons un retour adéquat. C'est ce qui peut en partie expliquer les vies exemplaires d'hommes et de femmes qui se sont entièrement donnés à leur vocation ou à leurs rêves. Mais la question est de savoir ce qu'est un retour adéquat pour un individu. Ce qui vaut pour l'un ne vaut pas nécessairement pour l'autre. La nécessité d'obtenir un

2. Vachon, Jérôme, *Les Actualités sociales hebdomadaires,* n° 1819, 12 février 1993, p. 9-11.

retour adéquat est particulièrement importante dans l'intervention sociale, car l'investissement énergétique y est considérable. Les chapitres qui suivent nous aideront à trouver une réponse à cette question.

Le mythe de la gratuité

Après avoir pris connaissance de la notion de retour, nous est-il encore possible d'envisager d'un même œil le thème de la gratuité ou la croyance selon laquelle il faut donner sans compter et sans espoir de retour? Nous parlons du mythe de la gratuité parce que l'énergie ne fonctionne pas à partir de notions morales. L'énergie est une réalité physique qui fonctionne selon des règles assez précises, dont la règle d'équilibre entre les entrées et les sorties.

Sans nier qu'il puisse exister des gestes gratuits, nous aimerions vous faire bien comprendre la notion de retour. Reprenons l'analogie du compte en banque. Tout comme les petites économies nous aident à grossir notre pécule, tous les petits retours de la vie quotidienne peuvent nous aider à entretenir notre capital énergétique et cela, à plus forte raison si nous arrivons à un moment dans notre vie où nous sommes sollicités par tous et chacun.

Qui d'entre nous n'a jamais banalisé ou balayé du revers de la main un compliment? Nous avons souvent observé que le compliment rend les gens mal à l'aise. Cette réaction ne nous vient-elle pas de notre éducation? En effet, nous avons appris à nous méfier des compliments que nous confondons parfois avec la flatterie ou la manipulation. Ce malaise pourrait aussi s'expliquer par la crainte de paraître orgueilleux. Par conséquent, beaucoup d'entre nous, intervenants sociaux, avons développé une forme de modestie qui nous fait éluder les remarques valorisantes. Dans le même ordre d'idées, on a souvent mentionné dans notre profession que les intervenants sociaux publient peu qu'ils ont du mal à se mettre en évidence, ce qui les prive du retour qui leur serait bénéfique.

Chez les intervenants sociaux, le mythe de la gratuité et les comportements de modestie qui en découlent sont des phénomènes très ancrés. Forcément, puisque, à l'origine, ce que l'on appelle aujourd'hui l'intervention sociale était essentiellement une forme de bénévolat, et non pas la profession organisée qu'elle est aujourd'hui. Les comportements charitables avaient comme caractéristiques la modestie, l'altruisme, l'effacement personnel, voire l'anonymat. On pourrait citer, à titre d'exemple extrême sur ce thème de l'anonymat, le fait qu'il nous soit impossible aujourd'hui de retracer le nom des constructeurs et artistes qui ont érigé les cathédrales du Moyen Âge. Dans nos milieux, et tout au long de leur carrière, les intervenants sociaux ne bâtissent-ils pas à leur manière des cathédrales? Et quand la cathédrale est particulièrement réussie, n'en décerne-t-on pas le mérite à l'établissement, parfois à l'équipe, mais très rarement à l'individu?

Autrefois, lorsqu'il s'agissait de gestes charitables dans un contexte de bénévolat, la satisfaction du devoir accompli, du partage avec les plus démunis, et la reconnaissance des personnes aidées venaient nourrir le geste, même si l'on tentait parfois de nier le besoin de reconnaissance. Le geste charitable peut rester discret, mais, qu'on le veuille ou non, le fait d'être reconnu donne un sens à notre existence.

La relation d'aide et l'énergie

Bien que le geste charitable soit organisé en profession et que les intervenants sociaux soient maintenant rémunérés, nous croyons que l'état de non-reconnaissance perdure. La rémunération ne viendra jamais combler le besoin de reconnaissance; pourtant, on voudrait bien le croire et le laisser croire. Tous les intervenants sociaux ont un jour ou l'autre entendu un client agressif leur dire: «Vous êtes payés pour faire ça!» ou encore: «Si vous travaillez, c'est parce que j'ai payé des impôts toute ma vie!» L'argent peut nous permettre de nous évader, de nous reposer, mais il n'est pas considéré comme un retour direct d'énergie dans cette profession.

Les compliments constituent quant à eux des retours directs que l'on peut recevoir ici et là au cours de la vie quotidienne. Nous voulons souligner ici l'importance d'apprendre à laisser pénétrer ces petites entrées d'énergie. Par exemple, le remue-méninges régulièrement pratiqué dans notre travail n'équivaut-il pas au fait de laisser une idée être ce qu'elle est sans la juger? De même, nous prendrons l'habitude de laisser vivre en nous tous les compliments que l'on reçoit, sans fausse modestie et sans en minimiser l'importance.

Notes concernant les activités de réflexion

1. Les activités de réflexion que nous allons vous proposer tout au long de l'ouvrage ont un degré de complexité progressif. Ainsi, les activités des premiers chapitres pourront vous sembler à la limite presque trop simples à exécuter. Acceptez toutefois d'entrer dans la simplicité proposée et laissez-vous surprendre au cours des activités en adoptant le regard du débutant.

2. Les activités s'adressent tant aux intervenants sociaux en formation qu'aux intervenants sociaux déjà sur le marché du travail. Les étudiants devront faire une transposition, l'expression «milieu de travail» correspondant pour eux à leur classe ou à leur équipe de travail.

ACTIVITÉ DE RÉFLEXION SUR LA RÈGLE

Objectif: Par rapport aux compliments, faire le point sur ma règle personnelle et sur la règle de mon milieu de travail.

Étape 1: Réfléchissez à l'ensemble des questions suivantes:

- Combien de fois vous a-t-on fait un compliment cette semaine?
- À propos de quoi?
- Quelle a été votre réaction?
- Qu'avez-vous ressenti, que vous êtes-vous dit intérieurement?
- Qu'avez-vous répondu?
- Qu'avez-vous fait?
- Quel degré d'importance avez-vous accordé aux différents compliments?
- Avez-vous noté une différence importante selon qu'il s'agisse d'un compliment s'adressant à votre personne ou à votre travail?
- De l'ensemble de ces observations, pouvez-vous conclure que vous avez adopté un mode particulier de réaction par rapport aux compliments?

Commentaires:

Le mode de réaction est souvent issu d'une règle. Il se peut que cette règle vous appartienne en propre, mais il se peut aussi qu'elle soit partagée par la majorité de vos collègues; c'est ce qu'on appelle alors, en langage systémique, la règle du milieu. Une famille, une classe, une équipe de travail constituent différents types de milieu ayant chacun sa règle particulière. Il importe de savoir que la règle du milieu exerce une pression et que l'on tend presque toujours à l'adopter par besoin d'appartenance à un milieu.

Étape 2: Observez systématiquement votre milieu.

Au cours de la prochaine semaine, partez à la découverte de la règle du milieu. Observez le comportement de vos collègues en tant que JE émetteurs de compliments et en tant que TU récepteurs.

- De manière générale, vos collègues se font-ils entre eux des remarques positives?
- Avez-vous observé s'il s'agit là de comportements isolés ou, au contraire, d'une pratique courante chez vos collègues?
- Les compliments viennent-ils des collègues ou des supérieurs hiérarchiques?
- Sur quoi portent ces compliments?
- Où cela se produit-il? À quel moment?
- De manière générale, comment réagissent les personnes visées par les compliments?

- En conclusion, formulez clairement votre règle personnelle et la règle du milieu concernant les compliments.

CHAPITRE

2

Les attentes de l'intervenant social face à sa profession

Les motifs qui poussent à être intervenant social

Nous avons vu précédemment que l'intervention sociale est une profession qui exige un énorme investissement d'énergie. C'est aussi une profession où la modestie et l'effacement personnel sont de règle. Mais qu'est-ce qui peut bien attirer les jeunes vers cette profession difficile sur le plan émotionnel et souvent peu gratifiante?

Voyons ici ce qu'avaient à nous dire les futurs intervenants sociaux lorsque nous les avons interrogés sur les motifs qui les poussent à vouloir exercer cette profession. Spontanément, certains nous ont dit: «J'ai toujours aidé les gens autour de moi et je voudrais continuer de le faire»; d'autres ont affirmé: «J'ai besoin d'aider, de me sentir utile.» Lorsque nous avons invité les répondants à être plus explicites, nous avons obtenu diverses réactions de surprise, comme si les réponses qu'ils venaient de dire contenaient toutes les explications en elles-mêmes. Il y en a qui ont même affirmé qu'il s'agissait de questions indiscrètes, voire indécentes à poser.

Bref, ce thème de l'étude était toujours ardu et difficile à explorer avec les étudiants. Nous avons tout de même poursuivi notre recherche en reprenant notre question, mais en l'appliquant à leur réponse: «Pourquoi vouloir aider?» Et voici ce qu'ils ont répondu: «J'ai besoin de me sentir utile, j'ai besoin d'aimer et d'être aimé, j'ai besoin de redonner ce que j'ai reçu, j'ai eu une bonne famille» et quelques-uns au passé difficile disaient vouloir éviter à d'autres de vivre de semblables expériences. Certains étudiants nous ont tenu un discours sur la justice sociale. Leurs réponses étaient formulées ainsi: «Pour changer la société, pour établir une plus grande justice sociale, pour réduire les inégalités, etc.»

Nous pouvons constater que les différents motifs émis ici ne sont pas tous du même ordre. Dans le premier cas, il s'agit de motifs d'ordre affectif comme l'amour, la reconnaissance, la visibilité. Dans le second cas, les motifs sont d'ordre idéologique, philosophique, voire moral: la justice, l'égalité, le partage. Ces motifs correspondent aux valeurs mêmes de la profession telles que définies par les théoriciens du service social.

Il se trouve un troisième ordre de motifs qu'aucun des répondants n'a mentionné dans cette enquête, à savoir les motifs d'ordre financier et matériel: la rémunération, les conditions de travail, le lieu de travail... Il semble exister un tabou autour de ces motifs. Serait-ce en lien avec tout le mythe de la gratuité? En formation, nous avons rencontré des intervenants sociaux qui nous disaient travailler pour le salaire. Leurs propos laissaient percevoir de la déception et, sans qu'ils le disent clairement, nous sentions qu'ils étaient passés d'un ordre de motif à un autre.

Revenons aux motifs évoqués par les étudiants. Nous pouvons ici nous poser la question suivante: «Quelle est notre réaction première devant de tels motifs?» Nous avons soumis leurs réponses à un groupe d'intervenants sociaux ayant plusieurs années d'expérience. Les commentaires se sont polarisés autour du thème de la naïveté et de l'idéalisme ou autour de celui du feu sacré et de l'enthousiasme. Peu importe comment on accueille les réponses des futurs intervenants sociaux, il n'en reste pas moins que nous sommes en présence d'un formidable capital d'énergie. La question centrale demeure toutefois: Comment prévenir les risques relatifs à un manque de réalisme tout en conservant l'enthousiasme nécessaire à l'exercice de notre profession? Nous avons constaté que le fait de réaliser un travail plus approfondi sur la connaissance de nos motivations nous aidait à être plus réalistes tout en gardant notre enthousiasme de départ.

Se soumettre à un travail de réflexion sur le sens de notre investissement constitue une démarche difficile, complexe, et qui peut paraître inutile. Faire un travail sur la connaissance des motivations, c'est accepter de partir en voyage sans destination précise, c'est faire face à l'inconnu. Entrer en contact avec des aspects inconnus de soi est toujours une aventure. Ces découvertes peuvent être tout aussi bien source de satisfaction que source d'anxiété.

À ce titre, nous pouvons découvrir des motifs qui nous surprennent et qui peuvent même nous choquer par rapport à nos valeurs. Il est arrivé qu'un intervenant social découvre qu'il était motivé, entre autres choses, par la curiosité, ce qui l'a profondément troublé. Ce n'est toutefois pas catastrophique si cette qualité est utilisée à bon escient dans son travail. Lors des évaluations, par exemple, cet intervenant social sera peut-être plus méticuleux dans ses enquêtes. Mais il doit connaître l'existence de ce motif chez lui pour l'utiliser comme une force plutôt que de le voir comme une faiblesse professionnelle.

Par ailleurs, nous pouvons aussi découvrir des aspects de nous qui ont une incidence sur notre orientation professionnelle. Tout étudiant ou professionnel que nous invitons à réfléchir sur la motivation éprouve un sentiment de risque. Il craint, entre autres, de se faire démotiver. De fait, le risque existe puisque la réflexion peut amener la personne à réorienter son choix de carrière, telle cette étudiante qui, au cours d'un travail sur la motivation, a découvert qu'elle avait besoin de constater des résultats rapides et tangibles à ses actions; elle a choisi de réorienter sa carrière vers les sciences infirmières. Il est peut-être plus économique sur plusieurs plans d'effectuer ces changements le plus tôt possible, car une fois la carrière en route, les enjeux économiques et professionnels, par exemple, peuvent être plus considérables.

Les attentes

En poursuivant notre réflexion sur les motifs, et après avoir bien compris ce qui précède, il nous est facile de déduire que les motifs font automatiquement référence aux attentes. Effectivement, lorsque nous nous investissons dans une situation, nous sommes motivés à le faire parce que nous espérons plus ou moins consciemment obtenir quelque chose; nous avons diverses attentes. Sur le plan du travail, par exemple, nous pouvons nous attendre à une collaboration active de la part d'un collègue ou d'un client, à des remerciements ou à toute autre expression de satisfaction, tout comme nous pouvons espérer des retours plus tangibles comme une promotion, une prime de rendement ou un nouveau bureau. Les attentes sont toujours présentes dans une situation d'investissement, qu'il s'agisse d'un investissement financier ou affectif.

Il arrive souvent que les personnes intervenant dans le domaine social nous disent ne pas avoir d'attentes. Ce qu'elles veulent plutôt dire, c'est qu'elles n'ont pas d'attentes précises. Mais nous croyons qu'elles passent un peu trop rapidement sur ce sujet, probablement à cause du mythe de la gratuité. Quoi qu'il en soit, il faudra éventuellement accorder plus d'importance et de temps dans notre réflexion à propos des attentes. La négation des attentes est, selon nous, un indicateur de risque d'épuisement chez une personne engagée en relation d'aide.

Ouvrons ici une parenthèse pour signaler que, lorsque nous travaillons avec des gens épuisés, nous remarquons que les motifs de leur déception et de leurs frustrations sont assez précis. Nous pouvons conclure que leurs attentes l'étaient sans doute aussi sans que ces personnes aient pris le temps de les reconnaître comme telles. Par exemple, nous entendons parfois des gens nous dire: «Je n'aurais jamais pensé que mon patron me ferait cela! Je n'aurais jamais cru que mes enfants me traiteraient ainsi!»

Nous avons déjà mentionné que, lorsque nous sommes en voie d'épuisement, nos attentes relativement à notre investissement auprès des clients s'expriment souvent par des remarques désobligeantes ou des moqueries telles que: «Il a les deux pieds dans la même bottine. Il n'y a rien à faire avec celui-là! J'ai beau l'aider, il se remet toujours les pieds dans les plats. Il ne veut pas s'aider. C'est un dépendant affectif, il n'a aucune motivation.» Comment nier que derrière ces phrases il y a effectivement des attentes? Nous ne pouvons banaliser de telles réflexions. Nous devrions au contraire nous rendre compte que ce sont des signaux d'alarme nous informant que notre compte en banque par rapport au retour est en sérieuse difficulté. Si aucun correctif n'est alors apporté, nous nous acheminons à coup sûr vers la faillite énergétique.

Le retour

Nous ne pouvons parler des attentes sans aussi parler du retour, car la réponse aux attentes constitue une partie importante et souvent plus visible du retour. Il y a en fait des retours que nous «attendons» et des retours imprévus, tels les compliments, qui se présentent comme des cadeaux... pour autant que nous les acceptions. Le retour est une notion plus globale que l'attente. Il correspond à l'ensemble de l'énergie qui nous revient à la suite d'un investissement dans une action ou une situation donnée. C'est l'énergie que l'on retire de cet investissement qui crée un sentiment de satisfaction et de plénitude et qui nous prémunit contre l'épuisement.

Au chapitre précédent, nous avons mis en lumière l'importance de développer des moyens pour se ressourcer et pour obtenir un retour satisfaisant à nos actions. Nous avons aussi mentionné qu'un retour adéquat pour une personne ne l'était pas nécessairement pour une autre. Que veut-on dire lorsqu'on parle d'un tel retour? Le retour adéquat est en fait en lien direct avec les motifs qui nous poussent à nous investir dans une situation. Pour mieux comprendre ce qu'est le retour adéquat, voyons les exemples suivants.

Imaginons un intervenant social qui a, comme principale motivation, celle d'apporter des changements dans la société, de contribuer à établir une plus grande justice sociale dans les milieux où il s'investit. Il peut trouver une grande satisfaction dans un travail d'organisation communautaire où il va contribuer aux progrès de divers groupes dans l'atteinte de leurs buts et le développement de leur autonomie. Ce même intervenant social pourrait aussi être affecté à des familles en difficulté avec lesquelles il réaliserait un travail d'éducation qui, à plus ou moins long terme, porterait des fruits. Les succès de ces groupes, le changement qui intervient dans ces familles seront autant de retours directs pour les investissements de l'intervenant social, même si ceux-ci sont considérables.

Faisons l'hypothèse que, par suite de changements structurels majeurs, cet intervenant social soit affecté à un service de gériatrie en milieu hospitalier. Dans un service de ce genre, les progrès de santé des patients sont généralement lents sinon nuls. Les changements que peuvent apporter la réadaptation ou l'éducation sont rares et pas toujours visibles. La clientèle étant le plus souvent inactive, les luttes sociales y sont moins présentes, moins organisées. Les retours auxquels cet intervenant social peut s'attendre seront surtout d'ordre affectif: l'attachement, la confiance, l'affection. Ces retours, même s'ils ont en eux-mêmes de la valeur, seront moins liés aux motifs de cet intervenant social, qui sont avant tout de l'ordre du changement social.

On pourrait tout aussi bien trouver l'exemple inverse. L'intervenant social dont les principaux motifs d'action sont d'ordre affectif recevrait un retour adéquat dans un milieu gériatrique, mais serait possiblement malheureux dans un milieu où dominent le stress et les conflits, et où il peut se voir prendre à partie par la clientèle, comme c'est souvent le cas en protection de la jeunesse par exemple. En de telles circonstances, nous avons observé que le retour, s'il n'est pas valable pour un intervenant, peut l'être pour un autre. Un retour qui n'est pas vécu comme adéquat peut à plus ou moins long terme affecter le capital en énergie d'une personne et la conduire éventuellement à l'épuisement.

Le processus de la motivation

Si nous avons abordé le thème des motifs, des attentes et du retour, c'est dans le but de décrire ce que nous pouvons appeler le processus de la motivation. Ce processus comprend la combinaison de ces trois éléments. De la conjugaison de ces éléments résulte le phénomène de l'énergie. Voyons de façon schématique comment fonctionne l'énergie.

Schéma de la motivation:

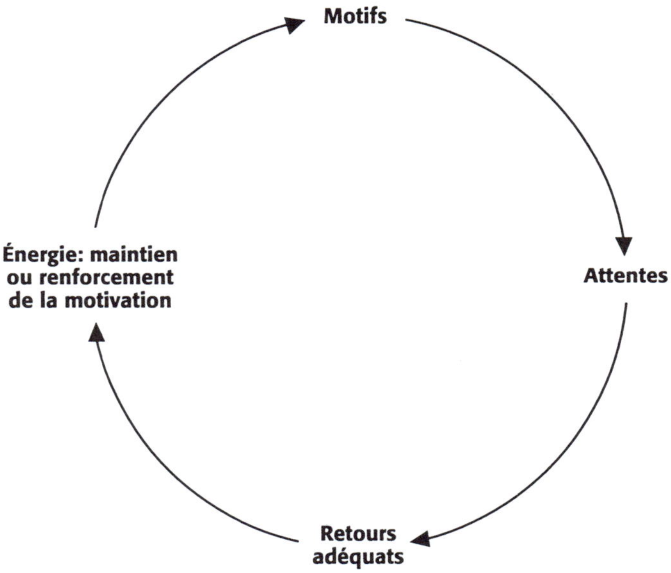

Le schéma illustre le cycle de la motivation, c'est-à-dire le fonctionnement de la mise en route et du ressourcement de l'énergie. Au départ, les différents ordres de motifs agissent comme un propulseur vers nos attentes, qu'elles soient conscientes ou non. Si les attentes sont satisfaites, il y a alors retour, lequel vient maintenir ou renforcer les motifs de départ permettant le maintien et la circulation de l'énergie.

Prenons l'exemple d'un intervenant social qui postule un poste d'encadrement clinique. Ses motifs pourraient être de deux ordres, soit le désir de voir reconnaître ouvertement son expertise clinique ou le désir d'être apprécié de ses collègues. Ses motifs sont d'ordre affectif. Ses attentes pourraient se formuler ainsi: que ses collègues requièrent son aide, que son nom soit mis en évidence sur les documents produits par son service, que les demandes de consultation provenant d'autres établissements lui soient acheminées, qu'il soit délégué pour représenter son établissement lors de colloques et de congrès, que les membres de son équipe lui manifestent verbalement leur appréciation. Si le poste lui est accordé et que ses attentes soient comblées, du moins en grande partie, cet intervenant social va ressentir un sentiment de satisfaction, de plénitude. Son niveau d'énergie de départ sera maintenu, voire augmenté.

Contrairement à l'idée souvent véhiculée, sa force de motivation ne diminuera pas parce qu'il a atteint son objectif. Les motifs gardent le même pouvoir propulseur à cause du sentiment d'accomplissement et de l'énergie que procure le processus de la motivation. On ne veut plus accéder à cet état, on veut maintenant s'y maintenir. De fait, le cycle de la motivation fonctionne sur le principe du renforcement positif.

Voyons maintenant comment ce processus dynamique peut fonctionner de façon inverse. Le cycle de la motivation peut augmenter l'énergie, mais il peut aussi se solder par une diminution de l'énergie et une démotivation.

Schéma de la démotivation:

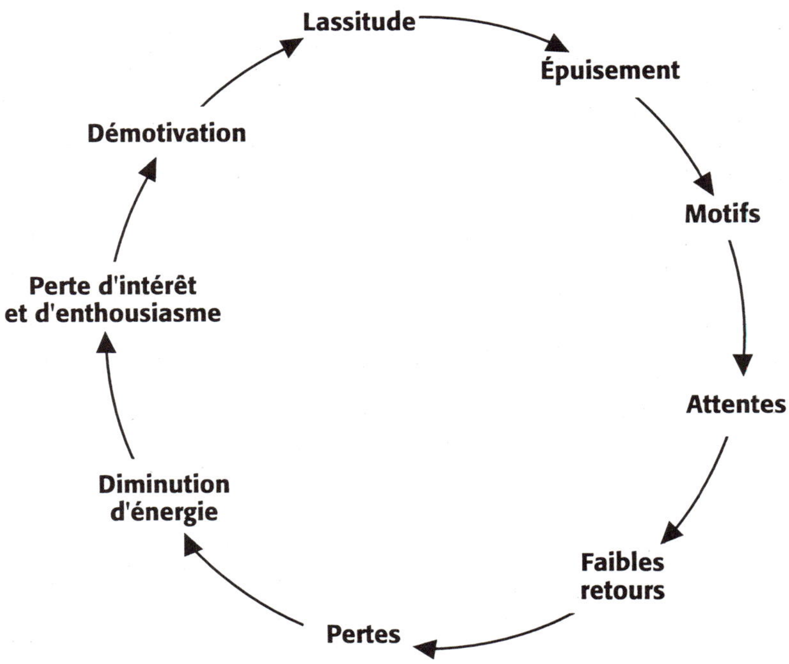

Ce schéma illustre le fonctionnement de la démotivation et de l'épuisement. Lorsque les attentes ne sont pas comblées et qu'il y a peu ou pas de retour pour les investissements d'énergie, l'individu voit son énergie diminuer et peu à peu il accuse une perte d'intérêt. Si cette situation perdure, la démotivation conduit à l'épuisement. Mais il y a deux paliers à l'épuisement. La démotivation permet encore un certain investissement d'énergie, car nous avons tendance à nous raccrocher à nos motifs de départ. Comme le dit si bien Watzlawick, notre réflexe consiste souvent à «faire toujours plus de la même chose[1]», cette façon de faire est caractéristique et consiste à chercher une solution en redoublant d'efforts alors même que ce sont justement ces efforts qui rendent impossible cette solution. C'est ici que nous retrouvons la suractivité de l'intervenant social dans la première phase de l'épuisement telle que

1. Watzlawick, P., J. Weakland et R. Fisch (1975), *Changements, paradoxes et psychothérapie*, Seuil, p. 49-57.

décrite par Maslach[2]. Le surinvestissement sans retours satisfaisants fait en sorte que l'usure s'installe à plus ou moins long terme et il s'ensuit un épuisement physique et émotionnel.

Reprenons notre exemple de l'intervenant social promu au poste de responsable clinique. Imaginons qu'il occupe ses nouvelles fonctions, mais que par jalousie ou non-confiance aucun membre de son équipe ne lui demande de consultation. Son responsable hiérarchique peut mettre au compte de l'établissement toutes ses réalisations ou encore s'approprier les demandes de consultation et de représentation externe. Il y a de fortes chances que, dans un premier temps, cet intervenant social investisse encore et encore en vue de recevoir enfin la reconnaissance attendue. Devant l'inefficacité de ses efforts, il verra s'ébranler sa confiance personnelle et diminuer son énergie. Il perdra alors son enthousiasme de départ et l'intérêt pour sa tâche disparaîtra progressivement. Il pourra démontrer de l'intolérance, du cynisme vis-à-vis de son travail ou de ses collègues. Il craindra de faire face à de nouveaux défis et cherchera même à fuir le plus souvent possible son milieu de travail. Nous voyons ici les symptômes déjà décrits de l'épuisement physique et émotionnel.

Nous avons maintenant vu comment fonctionnent le cycle de la motivation et celui de la démotivation. Nous sommes donc davantage en mesure de savoir à quoi nous nous référons lorsque nous parlons de la motivation d'une personne. Ainsi, lorsque nous parlons de motivation, nous faisons référence uniquement au niveau ou à la somme d'énergie disponible pour investir dans une situation. Nous pouvons dire d'une personne qu'elle est motivée ou non motivée si nous considérons son niveau d'énergie, mais nous ne pouvons parler de la motivation pour nous référer à la qualité de l'être ou au potentiel d'un individu. Cette affirmation pourrait nous amener dans diverses avenues et faire à elle seule l'objet de tout un chapitre. Le fait d'entretenir une telle vision de la motivation aura des effets importants tant sur la gestion de notre propre énergie que sur la perception que nous avons de nos clients et de nos collègues.

Dire d'un client ou d'un collègue qu'il est démotivé lorsqu'il ne fournit pas les efforts attendus ne nous renseigne pas sur les causes de cette situation. Ce qu'il nous reste à découvrir, c'est la raison pour laquelle le niveau d'énergie est si bas. Il nous faut donc regarder avec cette personne les étapes du processus pour découvrir à quel niveau le processus s'est enrayé. Quelle étape de son processus recèle une possibilité de renouvellement de son énergie? Faut-il faire un travail sur le plan de l'exploration de ses motifs, de la clarification de ses attentes et des moyens utilisés pour y répondre, ou encore de la possibilité d'obtenir un retour? Pour utiliser un cliché, nous pourrions dire qu'une personne démotivée est une personne incomprise, par elle-même et par les autres.

2. Maslach, C. (1982), *Burn Out, the Cost of Caring,* New York, Prentice-Hall.

ACTIVITÉ DE RÉFLEXION SUR LE REPÉRAGE DES FRUSTRATIONS

En vous référant aux trois ordres de motifs dont nous avons précédemment parlé: les ordres financier et matériel, affectif et relationnel, moral et philosophique, retracez pour vous-même au cours du mois qui vient de s'écouler et ce, pour chacun de ces ordres, toutes les remarques que vous vous êtes faites et qui traduisent une frustration. Il peut s'agir de petits irritants au quotidien comme ce peut être des frustrations plus importantes. Notez-les toutes. Pour vous aider à faire une exploration plus exhaustive de vos frustrations, passez en revue les différents types de relations ou de situations que vous avez au travail: relations avec les clients, le patron, les collègues, irritants matériels et architecturaux, etc. Aux fins de cet exercice, ne négligez aucun irritant.

À la lumière de ce que vous aurez noté, faites maintenant l'exercice de traduire vos frustrations en attentes. Prenez chacune d'elles et faites une liste de phrases dont chacune commencera par: «Je m'attends à...»

- Qu'est-ce qui vous surprend le plus dans la liste de vos attentes?
- Que tolérez-vous le plus? le moins?
- Les personnes épuisées tiennent toujours un discours sur la tolérance. Comment réagissez-vous devant cette affirmation?

CHAPITRE

3

Le surinvestissement de l'intervenant social

Les pressions rattachées au rôle de l'intervenant social

Les pressions socioéconomiques

Depuis le milieu des années 80, le désinvestissement de l'État dans plusieurs champs de l'intervention sociale ainsi que la diminution des ressources affectées aux services sociosanitaires sont des situations politiques et économiques auxquelles les intervenants sociaux sont directement confrontés. En effet, les budgets de fonctionnement des établissements sociosanitaires ont été, année après année, sensiblement réduits. Cela s'est traduit, entre autres, par l'absence de remplacement des effectifs à l'occasion des vacances ou des congés de maladie, ou encore, dans bien des cas, par des départs et des mises à la retraite. Le rythme de création de nouvelles ressources publiques tels les centres d'hébergement pour personnes âgées a été ralenti, voire arrêté, dans certaines régions. La réglementation touchant, par exemple, l'aide sociale est devenue plus restrictive.

Ces compressions dans les services publics sont apparues au moment où les problèmes sociaux qui découlent du chômage, de la pauvreté, de la délinquance et de l'exclusion sociale sont à la hausse. Il s'ensuit un écart de plus en plus grand entre les besoins en services sociaux et les ressources mises à la disposition des populations les plus démunies.

Les intervenants sociaux sont donc directement au cœur des tensions sociales créées par le manque de ressources. Cette situation est d'autant plus pénible à vivre qu'ils ne peuvent pour ainsi dire plus assumer le rôle qui leur était imparti de redistribuer les richesses collectives sous forme de services. De plus, ils peuvent difficilement jouer leur rôle de critique social et même de soutien à la contestation des plus démunis. En effet, les organismes publics ou communautaires dépendent pour une large part des subventions publiques et doivent vivre sous la menace des coupures et des réductions de budget; dans un tel contexte, il est bien difficile d'adopter des positions radicales dans l'intervention sociale. Comment, en effet, mordre la main qui nous nourrit, même si c'est pour une bonne cause?

Malgré cela, la population en général entretient encore beaucoup d'attentes à l'égard des intervenants sociaux. Elle s'attend, par exemple, à ce qu'ils diminuent la délinquance chez les jeunes, qu'ils éliminent ou réduisent les mauvais traitements chez les enfants, ou encore qu'ils éduquent les personnes marginales ou désorganisées. Une manchette dans les journaux qui fait état d'un vieillard mort de froid dans sa maison, ou une autre qui décrit la récidive d'un délinquant en liberté conditionnelle remettent automatiquement le point de mire sur la responsabilité des intervenants sociaux. «Une ermite s'est éteinte frigorifiée dans sa vétuste maison de Shawinigan-Sud, dans l'anonymat le plus complet. Les animateurs de certaines tribunes téléphoniques ont fait des gorges chaudes de la condition en apparence misérable de la vieille célibataire.» Devant ces critiques, la coordonnatrice du CLSC mentionnait: «Nous ne sommes ni des enquêteurs ni des défonceurs de portes. Son cas est loin d'être unique au Québec et d'autres connaîtront certainement une mort semblable[1].»

Les intervenants sociaux ont-ils fait leur travail? Sont-ils responsables de la situation? À quoi servent-ils? Bref, on souhaite que les intervenants sociaux diminuent la souffrance, d'une part, et que, d'autre part, ils régularisent les rapports dans la société.

Les pressions émotives

De toute évidence, les intervenants sociaux sont en première ligne pour recevoir les réactions directes des personnes qu'ils devraient en principe pouvoir aider. De ce fait, ils se sentent souvent agressés, inutiles, impuissants et éprouvent ainsi de la frustration et surtout de la désillusion face à leur travail. Dans le domaine des services sociaux, le risque d'épuisement vient du fait que le professionnel est constamment sollicité émotivement dans sa relation avec ses clients.

Selon Kadushin (1974), spécialiste dans le domaine des services sociaux, le flux émotionnel est à sens unique, de l'intervenant au client, et cela peut mener à l'exténuation émotionnelle de l'intervenant social parce que c'est lui qui donne constamment son énergie. Parfois, il est particulièrement difficile, lorsqu'on occupe des fonctions dans le domaine des sciences humaines, de séparer son travail des autres sphères de sa vie. Toujours selon Kadushin, l'interpénétration de la vie privée et de la vie professionnelle est un des problèmes majeurs auxquels fait face toute personne travaillant dans des situations où l'émotion se manifeste souvent dans toute son intensité[2].

> Ce rapprochement soutenu avec les sentiments intenses des autres est un stress si particulier aux fonctions de ceux qui dispensent de l'aide psychologique, qu'il devient, dans un sens, un risque professionnel[3].

1. Extrait de *Info-Actualité,* Centre Mauricie.
2. Kadushin, A. (1974), *Child Welfare Services,* New York, MacMillan.
3. Feldman, Y., H. Spotnitz et L. Nagelberg, «One Aspect of Case Work Training Through Supervision», *Social Casework,* vol. 34, avril 1953, p. 153.

Or, c'est lorsque ce stress émotionnel, inhérent au fait de dispenser de l'aide sociale et psychologique, n'est pas reconnu ni traité comme tel qu'il conduit le plus souvent à l'épuisement.

Il est de la plus haute importance que les intervenants sociaux, pour leur santé physique et mentale, apprennent à se distancier de façon à ne pas tomber dans un état de désillusion et d'épuisement. En effet, si cet état se prolonge, l'énergie s'épuise. Dans un premier temps, l'intervenant social aura alors avantage à récupérer toute son énergie pour lui. Bien sûr, il est là pour aider les autres. Il a choisi ce travail parce qu'il croit pouvoir aider, parce qu'il a des valeurs qui l'incitent au partage. Cependant, il doit, devant la précarité de la situation sociale, se recentrer sur lui, ce qui, à première vue, ne lui est pas facile.

Devant l'ampleur des tâches à accomplir, devant les situations d'urgence et la détresse de ses clients, l'intervenant social aura-t-il vraiment le temps de s'arrêter pour s'interroger sur l'à-propos de ses investissements d'énergie? Quand les gens crèvent de faim, a-t-on vraiment le temps de se poser de telles questions? Dans beaucoup de circonstances, on constate que le fait de ne pas faire le point pour se réajuster par rapport aux demandes des clients constitue un piège. Il s'agit là d'une arme à deux tranchants. Nous négligeons de nous arrêter sous prétexte que nous perdons du temps. Cela ne nous maintient-il pas en quelque sorte dans un tourbillon d'activités qui a pour conséquence de nous éloigner encore davantage de nous-même et indirectement des autres?

Choisir une profession ne se fait pas par hasard. Pour Pines et ses collaborateurs (1990), certains traits de personnalité des professionnels eux-mêmes sont à l'origine de leur façon de réagir au stress émotionnel inhérent à leur profession[4]. Le plus souvent, la personne qui choisit une carrière où elle pourra aider les gens est de nature particulièrement sensible aux besoins d'autrui. S'il est extrêmement épuisant pour quiconque d'être continuellement stimulé sur le plan émotif, cela l'est donc doublement pour les intervenants sociaux.

De plus, une identité professionnelle est toujours renforcée par l'homogénéité de l'ensemble de ceux qui choisissent la même profession. La nature des tâches professionnelles agit alors comme une sorte de triage où ne sont retenus que les individus dotés de certaines qualités particulières. Les professionnels œuvrant dans les services sociaux sont, pour la plupart, fondamentalement humanistes. D'ailleurs, les intervenants sociaux se décrivent eux-mêmes comme des personnes sympathiques, compréhensives, altruistes et serviables[5].

Nous avons observé que les intervenants sociaux ont souvent évolué dans des milieux qui valorisaient le don de soi, l'abnégation, la charité, l'altruisme. Bref, pour la plupart, ils ont endossé ces valeurs et organisé toute leur vie autour de ces axes, y compris leur choix de carrière. Rien d'étonnant alors dans le fait que les intervenants sociaux soient sensibles aux besoins des autres et qu'il puisse être facile d'abuser de leur bonne

4. Pines, A.M., E. Aronson et D. Kafry (1990), *Le Burn out*, Montréal, Éditions du Jour, p. 72.
5. Regiatt, W. (1970), «The Occupational Culture of Policement and Social Workers», *American Psychological Association*, Washington D.C., p. 11.

volonté, ou encore de les culpabiliser. En effet, il n'est pas nécessaire d'exercer beaucoup de pression sur eux pour qu'ils décident de s'investir à fond dans les tâches qu'on leur confie, pour qu'ils se surresponsabilisent, et même qu'ils se culpabilisent de ne pas atteindre les résultats escomptés.

Qu'attend-on des intervenants sociaux? La population en général et les administrations des services publics en attendent principalement deux choses. Tout d'abord, qu'ils changent le comportement des clients et, en second lieu, qu'ils situent leur intervention dans une «orientation axée sur la clientèle». Bien que cela ne soit pas dit aussi clairement, on attend de l'intervenant social qu'il change les individus aux prises avec des difficultés personnelles ou relationnelles.

Nous attendons aussi de lui qu'il soit un agent de changement social, c'est-à-dire qu'il intervienne dans l'organisation des rapports sociaux d'une collectivité. En effet, tout au long de sa formation, l'intervenant social se fait répéter sur tous les tons qu'il est un agent de changement social mais, plus tard, à l'occasion de sessions de formation en cours d'emploi, il apprend qu'il ne doit pas se substituer aux acteurs sociaux qui amorcent le changement. Il doit attendre la demande du client et travailler avant tout avec les clients que l'on dit motivés. Dans un processus de changement, il peut être difficile de déterminer ce qui est du ressort de la personne en situation d'aide et ce qui revient à l'intervenant social.

Quoi qu'il en soit, nous voulons ici souligner le fait que l'intervenant social a une certaine mission à remplir et que celle-ci concerne le changement social. Amener une personne à changer représente une tâche immense. Entre l'objectif de changement et la volonté de laisser à l'autre ses responsabilités, il peut être difficile de définir clairement la limite. Nous avons parfois l'impression que la société nous donne deux messages contradictoires, à propos de nos clients: «Ils doivent changer, et c'est votre responsabilité de les en convaincre et, en même temps, vous ne devez pas les forcer, ils doivent vouloir eux-mêmes changer, vous devez les laisser libres!»

Une plaisanterie populaire au sujet du changement se présente comme suit: Combien faut-il d'intervenants psychosociaux pour changer une ampoule électrique? La réponse est: un seul, pourvu que l'ampoule veuille bien changer! Cette blague illustre clairement que le pouvoir de changement est d'abord entre les mains du client. Selon notre interprétation de cette situation, le processus de changement relève de la compétence de l'intervenant, mais la responsabilité de la réalisation du changement appartient à la personne aidée.

Il nous est arrivé à tous un jour de vouloir convaincre quelqu'un de changer pour améliorer sa situation. Nous avons pu mesurer alors la quantité d'énergie que cela exige de nous. Malgré le défi que cette entreprise représente, malgré la limite de ses responsabilités réelles face au changement, nous avons observé que l'intervenant social tentait malgré tout de se conformer aux attentes de la société. Il se voit souvent tenu responsable du changement de ses clients.

La deuxième attente que la société entretient à l'égard des intervenants sociaux a trait à ce que Pines et ses collaborateurs appellent une «orientation axée sur la clientèle». Pour ces auteurs, cette orientation constitue l'un des facteurs de l'épuisement:

> Dans une orientation axée sur la clientèle, tout est axé sur le bénéficiaire des services. Ce sont d'ailleurs les besoins du client qui définissent ici le rôle du professionnel ainsi que ses fonctions: aider, comprendre, soutenir. La présence du professionnel n'est justifiée que dans la mesure où il peut encore servir. Dans ce type de relation, seuls les sentiments exprimés par le client sont légitimes[6]...

Dans les divers ouvrages scientifiques ou pédagogiques qui touchent aux services sociaux, il est rarement question du stress émotionnel que subissent les intervenants sociaux. L'attention porte presque exclusivement sur les bénéficiaires et leurs problèmes. Par conséquent, au fil de ses années de formation, l'étudiant se fait tacitement inculquer cette notion selon laquelle il est inadmissible d'éprouver quelque besoin que ce soit dans l'exercice de ses fonctions professionnelles.

Nous croyons que si toutes les préoccupations des professionnels et des gestionnaires sont axées exclusivement sur la clientèle et si seuls les besoins de cette dernière sont légitimes, les intervenants sociaux arriveront eux-mêmes à se sentir coupables de ressentir des insatisfactions et des besoins. D'autre part, une trop grande responsabilisation de l'intervenant social face au changement de ses clients peut aussi constituer une source importante de stress et de culpabilité. En effet, si les clients ne changent pas, l'intervenant social peut facilement s'attribuer la responsabilité de l'échec et se sentir inefficace, incompétent et coupable.

La culpabilité: ses effets, sa fonction et ses origines

Le sentiment de culpabilité a pour effet de déclencher une sorte de malaise intérieur qui s'exprime par l'autocritique et la dévalorisation de soi. Lorsque nous nous culpabilisons, nous avons l'impression d'être médiocres, sans grande valeur. Sur le plan de l'énergie, nous nous sentons lourds et passifs. En effet, le phénomène de la culpabilisation peut être qualifié du «pire bâton dans les roues» pour empêcher le fonctionnement d'une personne. La culpabilisation est un moyen de répression qui punit le contrevenant moralement et psychiquement, lui enlevant souvent sa dignité et l'empêchant de réfléchir à ses actions.

La culpabilisation est le mécanisme le plus fréquemment utilisé pour amener une personne à se conformer à une norme ou à des attentes, que celles-ci soient dictées par la personne elle-même ou par les autres. La culpabilisation est un mécanisme vieux comme le monde. Son objectif premier est de modeler le comportement humain en amenant un individu à se conformer à certaines règles, notamment aux règles de savoir-vivre, de bienséance, de partage, de civisme, de charité et de moralité. Ces règles se réfèrent d'abord à des normes familiales, sociales et parfois religieuses, et permettent, entre autres choses, de maintenir la cohésion dans la société. Elles renvoient parfois aussi à des normes professionnelles et à des normes du milieu de travail (comme nous l'avons déjà vu au sujet des compliments).

6. Pines, A.M., E. Aronson et D. Kafry (1990), *Le Burn out,* Montréal, Éditions du Jour, p. 73.

Ces règles, nous les faisons souvent nôtres sans y avoir vraiment réfléchi, surtout parce qu'elles nous sont inculquées dès le plus jeune âge ou lorsque nous débutons dans une profession. Notre capacité et notre pouvoir de les juger ou de les remettre en question sont alors bien faibles. De plus, une grande partie de ces règles, si elles ne sont pas clairement nommées, agissent de façon insidieuse. Les normes et les règles exercent un grand pouvoir sur nous et peuvent entraîner une propension à nous culpabiliser ou à nous laisser culpabiliser par les autres.

Toutefois, bannir la culpabilité de notre vie en laissant au surmoi la bride sur le cou n'arrange en rien la situation. À l'origine, la culpabilité avait pour objectif le respect des normes, qu'elles soient personnelles, familiales, sociales ou religieuses. La norme a toujours eu une fonction de guide. En effet, il est plus facile, dans une société, de gérer les comportements normaux que de gérer les comportements marginaux. Aussi tendons-nous, en suggérant ou en imposant une norme, à ramener les comportements à une moyenne acceptable.

Il y aurait une réflexion sociale très utile à faire à propos de la culpabilité. À notre avis, nous sommes peut-être passés ces dernières années d'un extrême à l'autre en ce qui concerne l'importance de la culpabilité dans notre fonctionnement social. La tendance que nous avons observée de «jeter le bébé avec l'eau du bain» s'est fait sentir dans plusieurs domaines, notamment dans la pratique religieuse, les conduites morales ou la responsabilité familiale.

Nous avons peut-être fait disparaître la culpabilité dans bien des domaines, mais il aurait fallu, croyons-nous, la remplacer par des mécanismes de réflexion nécessaires à la régulation des comportements humains. Il importe donc d'apprendre à nous conformer à des règles de conduite, mais aussi et surtout d'apprendre à comprendre les normes qui nous sont imposées ou que nous nous imposons. La réflexion doit pouvoir se faire sans la pression de la culpabilité.

Bien sûr, il faut s'interroger sur l'origine d'une norme, sur les motifs qui sous-tendent son implantation de même que sur les intérêts qu'elle sert. Il est donc nécessaire d'agir de façon réfléchie en ce qui a trait à la norme afin d'adopter un comportement d'adulte. Se soumettre à une norme ou à des exigences sans y avoir vraiment réfléchi et, de surcroît, se culpabiliser d'y déroger relève, selon nous, d'une soumission tout à fait puérile. En effet, les personnes qui se culpabilisent facilement ou qui se sentent facilement culpabilisées se laissent imposer ou s'imposent des normes qui ne leur conviennent pas toujours, et ce, sans les remettre en cause, que ce soit dans leur vie personnelle ou professionnelle. Une étude américaine (Lipowski, 1975) menée auprès de cols blancs vivant une surcharge de travail a démontré que la surcharge quantitative subie par ces employés était généralement auto-imposée et liée aux objectifs qu'eux-mêmes s'étaient fixés[7].

7. Lipowski, Z.L. (1975), «Sensory and Information Inputs Overload: Behavioral Effects», *Comprehensive Psychiatry*, vol. 16, nº 3.

La culpabilisation peut donc entraîner un surinvestissement, mais elle peut aussi conduire la personne qui se sent coupable à une évaluation erronée de ses limites et des attentes des autres, et obnubiler chez elle la prise de conscience de ses propres besoins.

La culpabilité peut venir de contraintes et de pressions extérieures qui n'ont pas le même effet chez toutes les personnes. En effet, la vulnérabilité à la culpabilisation n'est pas la même pour tout le monde. Certaines personnes s'affranchissent plus rapidement que d'autres du joug parental, par exemple, ou elles se réconcilient plus facilement avec elles-mêmes à la suite de fautes commises par le passé. Certains modèles éducatifs où les parents utilisent souvent le chantage affectif, ou encore certains milieux de travail mettant surtout l'accent sur les erreurs et les fautes prédisposent plus que d'autres à la culpabilité. Selon Mucchielli (1980), la culpabilité naît d'une éducation faite d'humiliation, de honte, de chantage affectif, de reproches. La personne souffrant d'un complexe de culpabilité se sent coupable de tout plaisir, sexuel ou autre, coupable de ses erreurs et de ses fautes, coupable de ses pensées, coupable chaque fois qu'elle ne respecte pas les principes religieux et moraux qui lui ont été inculqués, coupable aussi du malheur et de la souffrance des autres[8].

Selon nos observations, la culpabilité est plus fréquente chez les femmes que chez les hommes, chez les personnes d'un certain âge que chez les plus jeunes.

En formation, lorsque nous abordons le sujet de la culpabilité, nous constatons que la plupart des intervenants sociaux ont, un jour ou l'autre, ressenti de la culpabilité par rapport à leurs clients, à leurs enfants ou à leurs parents. Plusieurs d'entre eux affirmaient même avoir de la difficulté à choisir un exemple précis tellement ceux-ci étaient nombreux! C'est probablement aussi l'une des rares professions où l'on rencontre des gens qui se culpabilisent d'avoir un bon salaire, de pouvoir voyager, d'avoir une sécurité d'emploi, etc.

Nous pouvons facilement comprendre que la conjonction d'une éducation judéochrétienne (dont les valeurs sont empreintes d'abnégation et de don de soi) et du rôle d'agent de changement social en situation de contact quotidien avec des clients vivant dans la misère matérielle et morale peut inciter à la culpabilité. Certains intervenants sociaux se sentent coupables de vivre dans l'aisance alors qu'ils ne peuvent pas sortir les autres de leur misère. Une travailleuse sociale, qui se sentait complètement épuisée et qui envisageait un changement de carrière, nous disait: «Je n'ai plus rien à offrir aux gens démunis, aux victimes, à ceux qui souffrent. J'ai fait ma part de bonnes actions, j'ai assez donné. Je ne dois plus rien à la société.» Une telle affirmation illustre très bien comment certains intervenants sociaux portent le poids des problèmes sociaux et se sentent en dette envers la société. Cela explique également comment ils peuvent s'investir par peur de se sentir coupables.

Alors que l'intervenant social se sent facilement coupable et responsable des autres, il évolue actuellement dans un contexte où la culpabilité et le sens des responsabilités ne sont pas forcément présents chez les clients qu'il rencontre. Prenons l'exemple

8. Mucchielli, R. (1980), *Les complexes personnels*, Paris, Éditions E.S.F., p. 65.

de la délinquance: les instances de régulation sociale, tels la justice et les services sociaux, demandent à l'intervenant social de faire changer les délinquants. L'intervenant social peut difficilement utiliser la norme ou la culpabilisation pour amener son client à changer, mais le client ou l'organisme de services dont relève l'intervenant social peut amener ce dernier à se culpabiliser pour l'absence de changement chez son client. Cet exemple nous fait voir assez rapidement les enjeux comportementaux qu'une telle situation recèle, ainsi que les dangers potentiels de surinvestissement d'énergie pour l'intervenant social.

Il est bien évident que la culpabilité a sa place lorsqu'elle a pour but d'inciter au respect de l'autre. Elle peut être, pour certains, un excellent mécanisme de régulation des comportements, à défaut du sens des responsabilités, par exemple. Par contre, elle est rarement de mise lorsqu'elle est utilisée comme moyen de pression pour pousser quelqu'un à s'investir à la place de quelqu'un d'autre.

Les différents visages de la culpabilité

Il n'est pas facile de réfléchir à la culpabilité parce qu'elle revêt différents visages et qu'elle est considérée, de surcroît, comme un mécanisme noble. Elle est l'apanage des gens bien intentionnés, et surtout des gens qui ont à cœur de s'améliorer et qui cultivent l'humilité.

La culpabilité: un péché d'orgueil

Lorsque nous affirmons que la culpabilité, ou le fait de se culpabiliser, se réfère à l'orgueil, cela surprend toujours puisque dans l'éducation judéo-chrétienne on tentait d'abolir par la culpabilité tous les péchés, qu'il s'agisse de la paresse, de l'orgueil ou autre. Or, juxtaposer maintenant orgueil et culpabilité peut évidemment surprendre.

Loin de penser commettre un péché d'orgueil en nous culpabilisant, nous voulons, au contraire, agir avec humilité en reconnaissant nos faiblesses ou nos torts. Nous voulons surtout faire reculer nos limites et répondre aux attentes des autres. Si nous n'y parvenons pas, nous nous sentons coupables, et cela nous rend tellement mal à l'aise que nous nous activons pour ne plus ressentir ce sentiment.

Il arrive souvent que les personnes qui ressentent de la culpabilité l'éprouvent à propos de tout et de rien. En agissant ainsi, c'est comme si elles se sentaient directement responsables du bien-être de tous et de chacun. Elles se comportent comme si leurs moindres faits et gestes avaient de l'incidence sur la vie des autres. Pourtant, personne n'est entièrement ni toujours responsable des autres pas plus qu'il n'a la responsabilité de combler la totalité de leurs besoins. Voilà pourquoi nous disons que la culpabilité ou la surresponsabilité sont un péché d'orgueil.

Les personnes qui se culpabilisent facilement sont particulièrement sensibles aux changements d'humeur et aux remarques. D'ailleurs, elles confondent souvent remarque et reproche. Elles ne peuvent accepter le reproche parce qu'elles font tout pour être irréprochables. Trop souvent, elles se sentent facilement l'objet des remarques ou des reproches exprimés. Au travail, par exemple, si le patron passe la remarque

que le travail n'est pas bien accompli, elles prennent le blâme sur elles. La culpabilité est un sentiment très coûteux en ce qui concerne l'énergie et il occupe beaucoup de place dans les émotions du sujet.

Selon Mucchielli (1980), sur le plan des émotions, l'individu qui vit un complexe de culpabilité vit une peur exagérée de l'erreur et de l'échec. Aussi, pour éviter l'humiliation de la faute commise, il développe un sens excessif du devoir, d'où découle, entre autres, le lien entre la culpabilité et la surresponsabilité. C'est un perfectionniste qui ne calcule pas ses efforts et qui travaille sans relâche; il ne s'accorde ni repos ni détente ni plaisir. Pour éviter la faille qu'il redoute, il passe son temps à planifier et à prévoir. C'est un être asservi au regard des autres, qu'il perçoit comme des juges[9].

Ces personnes n'ont pas le réflexe de regarder l'autre comme un être responsable de ses actes; elles n'ont pas non plus tendance à considérer les circonstances atténuantes ou les circonstances qui peuvent être à leur décharge. Ce sont des personnes qui prennent sur elles toute la charge affective de la situation. Bref, chez elles, tout est centré sur leur **JE**. Elles ramènent toute la responsabilité sur leurs épaules, et elles se culpabilisent lorsque les choses vont mal. Les personnes qui se culpabilisent ont tendance à minimiser leurs succès et à dramatiser leurs erreurs.

Chez un intervenant social, le sentiment de culpabilité se manifeste dans différentes circonstances: lorsque, par exemple, le client ne progresse pas ou que sa situation s'aggrave, lorsqu'il ne se présente pas à ses rendez-vous, lorsque lui-même ne peut donner tout le temps nécessaire à chacun de ses clients, ou encore lorsque ses dossiers sont en retard.

Se comporter de cette façon paraît très puéril et tient de l'orgueil. En effet, nous ne pouvons pas nous considérer comme les seuls responsables quand les choses vont mal. En tout cas, il est certainement plus réaliste et plus sain d'examiner toutes les facettes d'une situation, c'est-à-dire toutes les parties engagées dans une situation.

La culpabilité

La culpabilité: un comportement d'exclusion

Le fait de toujours nous culpabiliser à tout propos empêche notre vis-à-vis relationnel de se regarder. Cela le déresponsabilise et l'élimine pour ainsi dire de la situation sur laquelle intervenir. Prenons l'exemple dramatique d'un intervenant social dont le client s'est suicidé et qui se culpabilise en affirmant que c'est de sa faute, qu'il aurait dû faire ceci ou cela, qu'il n'a pas su reconnaître les signaux d'alarme, etc.

9. Mucchielli, R. (1980), *Les complexes personnels,* Paris, Éditions E.S.F., p. 65.

Il est, bien sûr, un acteur dans la situation, mais il n'est pas la seule personne en cause. Ce client avait une famille et un réseau social qui avaient aussi une part de responsabilité à son endroit. Quoi qu'il arrive, personne ne peut dire: tout est de ma faute. S'exprimer ainsi équivaut à endosser toute la responsabilité d'une action, et ce faisant, à exclure l'autre.

La culpabilité: un comportement puéril

Être puéril, c'est se comporter comme un enfant, c'est être naïf et faire preuve de peu de réflexion. La personne qui se place en position d'adulte (au sens de l'analyse transactionnelle) ne se culpabilise pas dès que les choses vont mal ou dès que les autres ne sont pas satisfaits. Elle est capable de reconnaître ce qui lui appartient et ce qui appartient à l'autre. Elle est capable également de situer les événements et les comportements dans leur contexte.

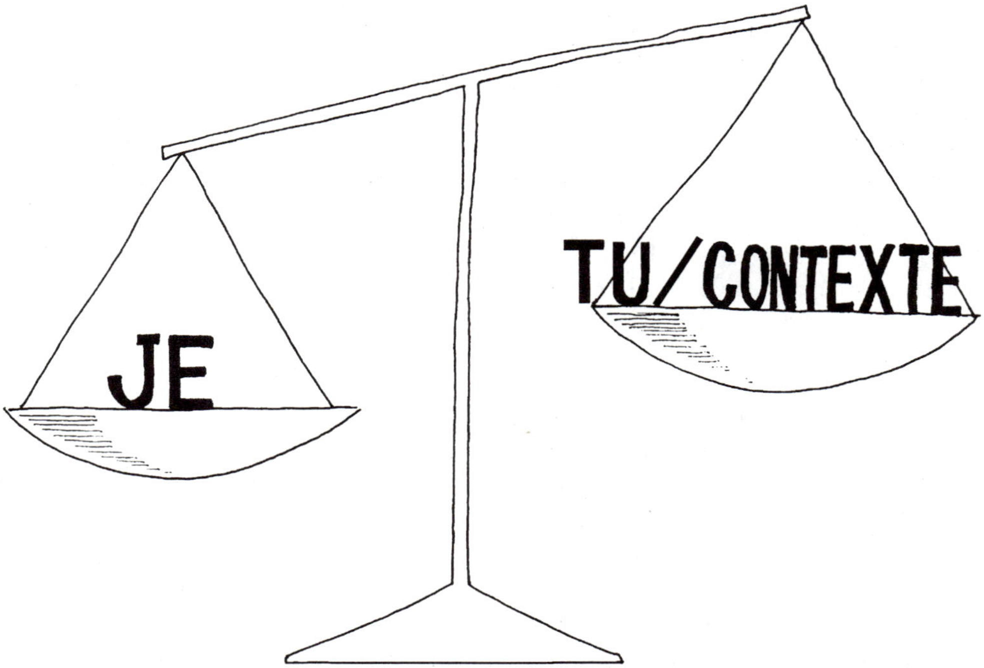

La culpabilité

De fait, le comportement de culpabilisation ne tient compte ni du **TU** (l'autre) ni du **CONTEXTE** (les circonstances). Il tient compte uniquement du **JE**. Or, pour juger adéquatement de son degré de responsabilité dans une situation, il convient de tenir compte des trois instances que comporte toute situation, soit le **JE**, le **TU** et le **CONTEXTE**. En omettant de faire cela, nous nous comportons de façon puérile, car il n'est pas réaliste de croire que nous sommes les seuls acteurs d'une situation. En travail social, il faut être particulièrement attentif à rendre au client sa part de responsabilité tout en sachant aussi évaluer l'importance du contexte dans la situation que nous sommes en train d'analyser. Il ne s'agit pas d'accuser l'autre, mais de lui faire prendre conscience de sa part de responsabilité.

La culpabilité: un moyen défensif

Selon Portelance (1990), la culpabilité, dans sa forme défensive, peut s'exprimer par l'adoption d'une attitude de juge à l'égard des autres[10]. L'individu complexé devient alors justicier. L'angoisse créée par la culpabilité l'amène à rejeter toute la responsabilité de sa situation et de ses difficultés sur les autres.

En mettant l'entière responsabilité sur le compte de l'autre (le **TU**), la personne ne se remet pas en question et ne tente rien pour changer. Elle travaille plutôt à changer l'autre par des reproches, des accusations, ou même des manipulations. Le complexe de culpabilité peut aussi avoir, dans sa forme défensive, des effets désastreux sur les rapports interpersonnels.

La culpabilité: un comportement fragilisant

Les personnes qui se culpabilisent oublient toujours (et cette généralisation n'est pas exagérée) de tenir compte du contexte. Elles se comportent comme si aucune circonstance atténuante ne pouvait jouer en leur faveur ou comme si les circonstances ne pouvaient jouer qu'en leur défaveur. Bref, les personnes qui se culpabilisent ne «parient» jamais sur elles-mêmes; elles n'ont pas cette tendance. Elles se font presque un point d'honneur d'avoir cette facilité à se remettre en question. Cette attitude a des répercussions sur le comportement de leur supérieur ou de leurs pairs, qui peuvent avoir tôt fait de les repérer, parfois même de les manipuler et de leur faire porter un peu trop lourdement les difficultés d'une équipe. C'est la fonction première du bouc émissaire. Malheureusement, dans certaines structures, le réflexe le plus rapide est de se protéger et de rechercher un coupable plutôt que de réfléchir aux responsabilités de chacun dans une situation conflictuelle donnée.

Ces personnes sont donc touchées doublement sur le plan de l'énergie. En plus de gérer l'état dépressif découlant de la culpabilisation, elles subissent le mécontentement de leurs vis-à-vis, ce qui alourdit d'autant leur état d'âme et fait obstacle à une circulation fluide de leur énergie. Lorsqu'elles s'épuisent, ces personnes vont même jusqu'à se culpabiliser d'être épuisées. Si elles doivent arrêter de travailler, elles se culpabilisent d'«abandonner» leurs clients. Elles croient que c'est leur faute, qu'elles auraient dû mieux gérer leur temps et leur énergie. Elles se font souvent dire par les autres ce qu'elles auraient dû faire et ne pas faire pour éviter l'épuisement! Pire, elles se font parfois dire plus ou moins clairement que leur absence a causé une surcharge de travail à une équipe déjà bien mal en point!

L'épuisement et les comportements de protection

L'épuisement engendre souvent des comportements de protection qui peuvent se traduire par un détachement ou une mise à distance des clients et des collègues. Les

10. Portelance, C. (1990), *La Relation d'aide et l'amour de soi,* Montréal, Éditions du CRAM, p. 158.

personnes épuisées tardent à retourner leurs appels téléphoniques, par exemple, ou bien elles s'enferment dans leur bureau. Elles évitent souvent les pauses-café, elles accusent de fréquents retards, elles s'absentent souvent du bureau, ou encore elles semblent parfois totalement indifférentes au sujet discuté en réunion d'équipe.

On a souvent tendance à considérer ces comportements comme de la démotivation ou du désengagement plus ou moins justifiés. Bref, la personne qui adopte de tels comportements est souvent jugée sévèrement. De plus, on attribue souvent le comportement indifférent ou apparemment inhumain du professionnel à des traits caractériels. Bien évidemment, la plupart du temps, il s'agit d'une interprétation tout à fait gratuite et erronée. Des recherches sociopsychologiques nous ont permis de voir ces problèmes dans une perspective beaucoup plus juste et utile en mettant l'accent sur les caractéristiques de la situation et non sur les personnes elles-mêmes. Ce qui est en cause ici, c'est le rapport entre la personne et la situation, et non pas seulement la personne épuisée[11].

Plutôt que de se pencher uniquement sur les déficiences de la personne, on gagnerait, d'après ces recherches, à se concentrer aussi sur les facteurs liés au milieu de vie, tant sociaux que physiques, qui incitent les gens à se comporter de cette façon. La charge et la nature du travail, le réalisme des objectifs fixés par l'employeur, les moyens mis à la disposition de l'intervenant pour atteindre ces objectifs, la dynamique dans les équipes de travail, le style de gestion des cadres, le soutien professionnel, toutes ces dimensions du contexte, et bien d'autres encore, doivent être prises en considération. La situation d'épuisement résulte du rapport entre une personne qui avait un idéal et une situation qui a brisé cet idéal.

Une nouvelle grille de lecture des comportements

Lorsque nous endossons toute la responsabilité d'un problème, d'un mécontentement ou d'une souffrance morale dans une situation, nous manquons d'honnêteté et de respect envers nous-même. Se culpabiliser bloque le jugement, ce qui a pour effet de nuire à la recherche de données pertinentes à l'analyse.

La culpabilité peut aussi être un mécanisme analogue au réflexe. Par définition, le réflexe ne relève pas de notre volonté, il nous place dans une situation d'absence de contrôle sur notre vie. Ainsi, pour se défaire de la culpabilité et acquérir un plus grand pouvoir sur sa vie, chacun doit travailler à modifier ses attitudes et ses comportements par rapport à la culpabilité.

En acceptant de qualifier la culpabilité de mécanisme puéril relevant de l'orgueil, nous modifions ainsi notre perception même de la culpabilité. Ce recadrage permettra,

11. Jones, E.E., H.H. Kanause, S. Nisbett et B. Winer (1972), «Attribution: Perceiving the Causes of Behavior», Morristown, General Learning Press.

croyons-nous, d'entrer dans une autre dimension de réflexion et d'agir ainsi différemment à l'égard de ce mécanisme.

Culpabilité et responsabilité

Si nous divisons le mot «culpabilité» en deux parties, nous obtenons *culp* et *abilité,* ce qui peut signifier: «l'habileté à battre sa coulpe». Cela n'évoque-t-il pas l'attitude du pénitent à genoux qui se repent? *Mea culpa, mea culpa.* C'est peut-être honorable, mais cela ne mène pas très loin dans le changement d'attitudes et de comportements nécessaire à la prévention de l'épuisement. Au contraire, cette attitude du pénitent, nous l'avons vu précédemment, pourra être extrêmement coûteuse en ce qui a trait à la santé physique et psychique.

Par ailleurs, si nous prenons le mot «responsabilité» et que nous faisions le même exercice, nous arrivons à *respons* et *abilité,* ce qui pourrait vouloir dire: «l'habileté à trouver des réponses». Or, dans notre travail, nous n'avons pas nécessairement le mandat de répondre à tous les besoins ni à toutes les demandes en faisant tout nous-mêmes. Nous avons, par contre, le mandat et le devoir de trouver des réponses, mais sans être expressément tenus de les appliquer.

En remplaçant le mot «culpabilité» par celui de «responsabilité», nous recadrons à la fois la culpabilité et la responsabilité. Notre responsabilité n'a plus trait à la cause du problème, mais à la recherche de solutions. Par exemple, si le père ou la mère d'un enfant qui présente des problèmes à l'école entend la phrase suivante: «Vous êtes responsable du fonctionnement scolaire de votre enfant», cette personne peut saisir qu'elle a quelque chose à voir dans la cause du problème, mais elle peut aussi comprendre qu'elle a la responsabilité de trouver des solutions au problème. Vous pouvez aussi l'aider à être plus habile dans sa manière de répondre ou d'agir face à ses problèmes, mais vous n'aurez jamais le pouvoir de faire les choses à sa place. Vous aurez alors assumé vos responsabilités, vous aurez joué votre rôle d'intervenant social et vous n'aurez pas à vous culpabiliser.

La culpabilité et l'énergie

L'énergie circule mal dans un contexte de culpabilisation. La culpabilité a pour effet de nous contraindre, de nous nouer et de nous tendre. En nous culpabilisant, nous faisons du sur-place, nous tournons en rond. Nous ressassons inlassablement les mêmes idées. Bref, nous ruminons et cela tire notre énergie. Nous mobilisons notre énergie autour d'une activité autodestructrice. La culpabilisation à outrance devient un mécanisme de stagnation. Ce phénomène rend particulièrement vulnérable à la critique, il démoralise et dévalorise. Comment, en ce cas, peut-on déborder d'énergie?

ACTIVITÉ DE RÉFLEXION SUR LA CULPABILISATION

En vous référant au dernier mois de travail, repérez trois situations lors desquelles vous vous êtes culpabilisé.

- Quelles étaient les circonstances?
- Quel était votre langage intérieur?
- Vous culpabilisez-vous toujours pour la même chose?
- Y a-t-il des personnes qui vous culpabilisent plus facilement que d'autres?
- Comment font-elles? Que disent-elles?
- Comment réagissez-vous?
- Avez-vous le réflexe de redonner à l'autre une part de responsabilité?
- Pensez-vous aux circonstances atténuantes?
- Vous morfondez-vous en excuses?
- Comment réagissez-vous devant les affirmations suivantes:
  culpabilité = orgueil?
  culpabilité = comportement puéril?

Voyez maintenant comment vous pouvez vous responsabiliser plutôt que de vous culpabiliser.

ACTIVITÉ DE MISE À DISTANCE DE LA CULPABILISATION

Parmi vos amis, vos parents et vos collègues, choisissez quelques personnes avec qui vous êtes à l'aise et faites l'activité suivante:

Après vous être assuré que ces personnes veulent bien participer à une activité, demandez-leur d'écouter en silence la phrase que vous allez leur dire et de ne faire ensuite aucun commentaire. Faites-leur savoir qu'après avoir dit cette phrase vous allez vous retirer et que par la suite vous en discuterez peut-être avec elles. Dites-leur la phrase suivante sur un ton solennel:

J'AI DES RESSOURCES, LES AUTRES ONT DES RESSOURCES. JE N'AI PAS À PORTER LE SORT DU MONDE SUR MES ÉPAULES.

Notez ce que vous avez ressenti en exprimant cette phrase.

Croyez-vous pouvoir la mettre en pratique?

Si oui, choisissez maintenant le client avec qui vous allez appliquer concrètement ce nouveau principe. Si vous vous croyez incapable de le faire, tentez d'en trouver les raisons.

Croyez-vous qu'il vous sera possible d'appliquer la grille **JE / TU / CONTEXTE** dans votre travail?

CHAPITRE

4

Distinguer besoin, désir et caprice chez l'intervenant social

Plusieurs intervenants sociaux nous ont dit ne s'être jamais penchés sur leurs propres besoins; seuls ceux et celles qui avaient déjà vécu un épuisement ou une dépression s'y étaient intéressés. Le fait de s'interroger sur leurs besoins leur apparaissait pour ainsi dire superflu, compte tenu de leur situation privilégiée par rapport à leurs clients. De plus, ils ajoutaient qu'ils se sentaient submergés par les nombreuses exigences de la profession et l'augmentation continuelle de leur charge de travail. «Comment pouvons-nous nous interroger sur nos besoins en pareilles circonstances? nous ont-ils dit. Nous n'avons d'autre choix que celui de foncer tête baissée dans le travail, et advienne que pourra!» Il résulte de l'entretien de ce type de croyances une certaine négligence à satisfaire ses besoins. Nous croyons qu'il y aurait un lien entre la surresponsabilisation et la culpabilisation et la façon de répondre à ses propres besoins. En effet, nous avons observé au cours de notre pratique qu'il était bien inutile d'amener une réflexion sur les besoins si la question — pour ne pas dire le problème — de la surresponsabilisation ou de la culpabilisation n'était pas résolue.

La non-réponse aux besoins: la difficulté à prendre soin de soi

Le fait de négliger ses besoins peut cacher une difficulté à prendre soin de soi. Habituellement, les personnes qui œuvrent dans des professions d'aide ne savent pas comment prendre soin d'elles-mêmes. Comme nous l'avons vu précédemment, ce sont souvent les aînés de famille qui ont appris à donner davantage qu'à recevoir. Sans grand risque d'erreur, nous pourrions dire que bon nombre d'intervenants sociaux semblent éprouver certaines difficultés à combler les besoins qu'ils jugent superflus, de même qu'ils ont certaines résistances à profiter de leur condition de vie aisée, surtout s'ils ont à affronter régulièrement la misère matérielle et morale.

Une intervenante sociale nous disait avoir de la difficulté à offrir des vêtements coûteux à ses enfants, car elle ne pouvait s'empêcher de penser qu'elle pourrait partager le montant d'argent dont elle disposait pour vêtir sa fille avec la fille d'une cliente monoparentale. Entre autres démonstrations, cet exemple met en évidence le fait que bon nombre d'intervenants sociaux manifestent le réflexe de penser d'abord aux besoins des autres. Pour certains intervenants, le thème des besoins est presque un sujet tabou. Ils préfèrent éluder la question parce qu'ils ne savent pas trop comment y réfléchir. Nous savons déjà qu'ils acceptent de penser à leurs besoins seulement quand ils sont en situation de détresse ou de grand manque.

Nous avons rencontré des intervenants sociaux complètement épuisés qui continuaient de prendre soin de leur famille et de leurs clients, et qui étaient incapables de s'arrêter, ne sachant par quel bout commencer pour s'occuper d'eux-mêmes. Ils ignoraient en quoi ils souffraient le plus et ce qui les blessait le plus dans leur vie personnelle et professionnelle. Pourtant, ces mêmes personnes étaient capables, sur la base de la reconnaissance de besoins en souffrance, de faire un plan de traitement très détaillé pour leurs clients.

Besoin, désir ou caprice: une distinction à faire

On emploie souvent le mot «besoin» dans toutes sortes de contextes et on lui attribue une diversité de significations. Pour les intervenants sociaux, comme pour la majorité des gens, le besoin est souvent confondu avec le souhait, le désir, le caprice même. Il est cette «chose» superflue dont il conviendrait de se passer pour peu qu'on ait de la volonté. Certains intervenants sociaux nous ont même affirmé avoir du mal à parler de leurs besoins, car ce mot évoque chez eux la faiblesse. Si la révélation de ses besoins équivaut à un aveu de faiblesse, il n'est pas étonnant alors que l'on tente de «dompter» ces élans «capricieux» ou que l'on veuille en minimiser l'importance.

Pour certains professionnels de la santé et des services sociaux, le fait même d'éprouver des besoins est signe d'échec. En effet, affirmer avoir des besoins quand nos clients ne peuvent répondre aux leurs peut nous sembler de l'égoïsme, voire de l'inconscience, et nous ne sommes pas les seuls à penser cela. En effet, qui de nous n'a jamais entendu dire: «Moi, je n'ai besoin de rien»? Cette affirmation ne laisse-t-elle pas percevoir un esprit de sacrifice et de devoir? Dans cette optique, la vie devient forcément une sorte de chemin initiatique qui nous amène à dépasser nos instincts et nos besoins. Ainsi, les besoins, les désirs et les caprices sont souvent confondus, faute de réflexion plus approfondie.

Néanmoins, les professionnels de la relation d'aide connaissent bien les besoins, même s'ils ont souvent du mal à combler les leurs. Tous les ouvrages de psychologie auxquels ils se sont référés au cours de leurs études traitent de la fameuse question des besoins. Alors, pourquoi parler encore ici des besoins?

Les besoins semblent faciles à comprendre si nous les considérons théoriquement à partir des grilles et des nomenclatures connues, comme la pyramide de Maslow et les quatorze besoins selon Virginia Henderson.

S'ils sont utilisés et interprétés de façon rigide, ces outils peuvent nous empêcher de comprendre toute la relativité et la subjectivité des besoins. Devant les réactions de malaise d'un grand nombre de professionnels de la santé et des services sociaux, nous constatons avec consternation l'incompréhension qui accompagne la notion de besoin. Dans les faits, comprendre ses besoins, les accepter et y répondre est une démarche beaucoup plus complexe que ne laisse entrevoir la théorie. Prenant appui sur notre expérience, nous voulons donner une perspective différente de la place qu'accordent les intervenants sociaux à leurs besoins et sur les résistances qui les empêchent de se donner le droit d'avoir des besoins. La satisfaction des besoins joue un rôle capital dans la prévention de l'épuisement.

Définition et spécificité des besoins

Pour nous, les besoins sont des éléments indispensables au maintien de l'équilibre physique et psychique. Ce qui est essentiel pour une personne pourra éventuellement être mis en lumière par la manifestation de carences observables sur les plans physique et psychique.

C'est d'ailleurs la plupart du temps par «essais et erreurs» que l'on peut établir ce qui est essentiel pour les uns et pour les autres ainsi que pour nous-même. En matière de besoin, ce qui sert à maintenir l'équilibre physique et psychique de quelqu'un n'est pas forcément ce qui contribue à le maintenir chez un autre. Même si tous les individus ressentent des besoins, ceux-ci diffèrent d'un individu à l'autre et d'une étape de vie à l'autre. Ainsi, généraliser la réponse aux besoins devient un exercice hasardeux et parfois périlleux, du fait que cela ne tient pas compte de la complexité des êtres et des situations.

Nous pouvons tout au plus faire des classifications générales, sur lesquelles nous fonderons nos observations et nos propositions. Cependant, il importe de toujours prendre en compte les réactions que nous observons de même que l'histoire personnelle de l'individu lorsque nous utilisons des catégories de besoins.

Reconnaître ses besoins: une question de courage

Nous avons déjà souligné que les intervenants sociaux sont souvent portés à rester dans l'ombre. Est-ce la profession qui le veut ainsi ou cela vient-il des individus eux-mêmes? Les intervenants sociaux sont-ils tous des introvertis? Nous n'avons pas de réponse formelle à ces questions, mais nous souscrivons à l'opinion de De Robertis (1981) qui dit que «paradoxalement, une littérature relativement abondante traite du questionnement des professions sociales en France, mais dans cette littérature, la prise de parole des travailleurs sociaux eux-mêmes est rare[1]». Par contre, les intervenants sociaux s'expriment et publient davantage qu'il y a dix ou vingt ans, mais ils ne le font pas aussi fréquemment ni de façon aussi retentissante que bien des membres des autres professions.

L'homme n'est pas fait pour rester dans l'ombre; c'est contre nature. Paradoxalement, apprendre à rester dans l'ombre exige plus d'énergie qu'apprendre à vivre au grand

1. De Robertis, C. (1981), *Méthodologie de l'intervention en travail social*, Paris, Éditions du Centurion, p. 5.

jour. Pour nous, vivre au grand jour, c'est prendre conscience de nos besoins particuliers, ceux qui nous sont propres, ceux qui font que nous nous sentons uniques et que nous nous sentons exister.

Être intervenant social et s'occuper du bien-être des membres de sa communauté ne signifie pas que l'on doive renoncer à sa propre vie. Mais pourquoi alors affirmer que reconnaître ses besoins est une question de courage? Évidemment, nous ne parlons pas ici des besoins fondamentaux, ceux qui sont reconnus et acceptés de tous et qui, d'ailleurs, sont pour ainsi dire légalisés par les mesures sociales mises en place pour les satisfaire.

Nous parlons de courage lorsqu'il s'agit de reconnaître comme valables et incontournables tous nos besoins psychologiques, et d'accepter notre manière propre de les exprimer, surtout ceux qui semblent sortir de l'ordinaire. Il nous est difficile de voir certains de nos besoins taxés de caprices. Avez-vous remarqué notre tendance à qualifier de caprices les besoins qui dérangent ou les besoins que nous pensons ne pas pouvoir satisfaire?

ACTIVITÉ SUR LES CAPRICES

- Repérez un de vos besoins qui a été taxé de caprice.
- Comment avez-vous réagi et qu'avez-vous pensé en entendant cela?
- Avez-vous l'habitude d'utiliser le mot «caprice»?
- Quand le faites-vous?
- Dans quelles circonstances?
- Avec qui l'utilisez-vous le plus souvent?
- Quelle conclusion pouvez-vous tirer de cet exercice?

Un regard critique sur l'utilisation de la pyramide de Maslow

La quasi-totalité des ouvrages de psychologie qui traitent des besoins nous présentent la nomenclature des besoins de Maslow comme une base théorique incontournable dans la compréhension des besoins. Illustrée sous forme de pyramide, elle est facile à comprendre et simple à appliquer. On l'utilise largement dans les sciences sociales, les sciences de la santé et les sciences de l'administration.

Nous avons voulu toucher le sujet de la pyramide de Maslow parce que son utilisation généralisée a, croyons-nous, contribué à créer une grande confusion dans la définition et l'acceptation de nos besoins. Abraham Maslow nous a présenté une nomenclature exhaustive des besoins de tout être humain. En 1943, il dévoila la hiérarchie des besoins humains, qui fut reprise sous forme de pyramide dans un ouvrage publié en 1954[2].

2. Maslow, A.H. (1954), *Motivation and personality*, New York, Harper and Row.

Selon Maslow, avant de tenter de satisfaire ses besoins plus complexes, l'être humain doit combler ses besoins *physiologiques,* qui sont essentiels à sa suivie; il s'agit principalement des besoins d'eau, de nourriture, d'abri et de sommeil.

Une fois ces besoins fondamentaux satisfaits, il peut penser à combler les besoins situés à un niveau supérieur, soit les besoins de *sécurité,* car il aspire à la stabilité et veut se protéger de l'inconnu. Quand il se sent en sécurité, l'être humain peut ensuite se concentrer sur ses besoins *sociaux* dans sa recherche d'affiliation et d'amour.

Lorsque tous ces besoins ont été comblés, l'être humain peut se pencher sur ses besoins de *réalisation,* c'est-à-dire ses besoins d'apprendre, de développer ses compétences et d'atteindre des objectifs personnels et professionnels.

Finalement, le besoin d'*accomplissement* complète cette pyramide. Ce niveau correspond aux besoins de donner un sens à sa vie, de se dépasser et d'ajouter la dimension spirituelle ou humaniste aux différents aspects de sa vie.

Pour Maslow, dès qu'un être humain satisfait ses besoins, ceux-ci ne constituent plus un facteur de motivation. Si toutefois un besoin de niveau inférieur n'est plus comblé, l'être humain reviendra à ce niveau temporairement et ainsi de suite.

Cette hiérarchie des besoins constitue un modèle mécaniste de la compréhension des besoins humains qu'il faut situer dans son contexte historique et culturel. La théorie de Maslow a été élaborée aux États-Unis à la fin de la Seconde Guerre mondiale, à un moment stratégique dans le développement des sciences pures, des sciences appliquées et des sciences sociales. À cette période, la confiance dans les progrès scientifiques et technologiques pouvait laisser croire à l'émergence d'un âge d'or pour l'humanité où les problèmes sociaux et sanitaires seraient mieux compris et maîtrisés. La nomenclature de Maslow fournissait un outil simple et logique, facile à comprendre et à appliquer. La nature ne fonctionne-t-elle pas ainsi? Toute vie animale a besoin d'air, de nourriture et de chaleur pour survivre. Nous en convenons tous. Mais cette simple logique pouvait-elle être appliquée au monde complexe des humains et à leur fonctionnement psychologique et social?

D'un point de vue purement physiologique, nous devons admettre que les besoins situés à la base de la pyramide de Maslow sont essentiels à la survie physique de tout individu. Mais si nous examinons les perspectives sociale et psychologique, nous devons prendre une distance critique par rapport à la hiérarchisation des besoins. Si certains ordres de besoins sont qualifiés de fondamentaux, cela ne nous amène-t-il pas subtilement à croire que les autres besoins sont moins importants? Ainsi, si nous pouvons répondre à nos besoins physiologiques, lesquels sont dits fondamentaux selon cette grille de lecture, nous ne pouvons nous étonner d'avoir tendance à taxer tous les autres besoins de caprices ou à les considérer comme superflus.

Par exemple, combien de patrons considèrent que leurs employés devraient être satisfaits de leur sort parce qu'ils sont bien payés et qu'ils bénéficient d'une certaine sécurité? Parmi ces employeurs, certains auraient tendance à qualifier les besoins de reconnaissance ou d'affection de leurs employés de caprice ou d'enfantillage.

Nous croyons donc qu'il importe de porter une attention particulière à la façon dont nous avons tendance à comprendre et à utiliser la pyramide de Maslow. Cet outil, auquel on recourt largement pour situer les besoins humains, n'a-t-il pas servi à l'élaboration des politiques sociales et des services qui en ont découlé? D'une nomenclature qui voulait décrire les besoins, nous avons fait une échelle qualitative de besoins. Dans ce système, il y a d'abord les besoins de base jugés essentiels; à preuve, ils font l'objet de mesures de protection sociale: se nourrir, se vêtir, avoir un toit et recevoir des soins. D'ailleurs, les critères d'attribution financière à l'aide sociale correspondent à ces besoins de base. Ainsi, les besoins des autres niveaux relèveraient du domaine du privé et leur satisfaction serait considérée comme beaucoup moins capitale.

Cette prééminence des besoins physiologiques et des besoins de sécurité sur les besoins des autres niveaux a des répercussions directes sur certaines pratiques sociosanitaires. Nous avons souvent été témoins de placements en institution, contre leur gré, de personnes âgées dépendantes et marginales pour assurer la satisfaction de leurs besoins fondamentaux. Un très grand nombre décédaient dans les mois suivant leur admission. Ces faits sont corroborés par une étude américaine selon laquelle le taux de mortalité dans les foyers pour personnes âgées est plus élevé parmi les résidants qui n'avaient pas vraiment choisi d'y être placés[3].

Nous pourrions énumérer une foule d'exemples où les besoins physiologiques ont priorité sur les besoins affectifs des personnes: la réanimation ou l'acharnement thérapeutique sur des patients qui désirent mourir; la structure même des plans de soins selon le modèle de Henderson, qui procède en partant des besoins fondamentaux, c'est-à-dire des besoins physiologiques. Il nous est fréquemment arrivé d'assister à des discussions de plans de soins et de constater que la discussion était consacrée surtout aux besoins physiologiques, laissant peu de temps aux autres ordres de besoins. Dans certains cas, le sujet des besoins psychologiques et sociaux n'était même pas abordé.

Pourtant, dans les populations d'Afrique ou d'Asie, les besoins sociaux et les besoins d'estime par l'appartenance au clan sont des besoins puissants, même si les besoins fondamentaux sont peu ou mal comblés. Les besoins de réalisation à travers la vie religieuse, l'ascétisme ou l'humanisme prennent le pas sur les besoins physiologiques chez des individus d'exception, tel Ghandi. Certains artistes vont grandement négliger leurs besoins physiologiques ou leur sécurité pour privilégier leur passion de créer et de se réaliser. La règle qui stipule que l'on doive satisfaire les besoins de base avant que les besoins des niveaux supérieurs ne se manifestent ne s'applique pas dans bien des situations.

La hiérarchisation des besoins qui a découlé de l'usage de la nomenclature de Maslow a fait en sorte que la quasi-totalité des ressources financières engagées dans les programmes sociaux le sont pour combler des besoins de base d'ordre physique et matériel.

3. Zimbardo, P.G., entretien privé tiré de Pines, A.M., E. Aronson et D. Kafry (1990), *Le Burn out,* Montréal, Éditions du Jour, p. 96.

C'est une façon d'affirmer qu'il y a des besoins essentiels et d'autres qui ne le sont pas. Cette opinion est partagée par la majorité des gens. Souvenez-vous de cette remarque que nous entendions souvent il y a quelques années lorsqu'une femme divorçait: «Elle a un bon mari, il ne la bat pas, il travaille, il ne boit pas. Je ne vois pas ce qu'elle veut de plus!»

En fait, un tel mari répondait sûrement aux besoins dits fondamentaux de sa femme, ce qui n'empêchait pas celle-ci de souffrir d'une carence au niveau des autres besoins. Il en va de même pour les intervenants sociaux qui ne se donnent pas le droit d'avoir des besoins lorsqu'ils comparent leur situation à celle de leurs clients! Si nous nous référions uniquement à la nomenclature de Maslow, nous pourrions dire que leurs clients ont de vrais besoins, c'est-à-dire des besoins de base, tandis qu'eux ont des besoins secondaires, voire superficiels.

Une pyramide individualisée

La non-satisfaction des besoins psychologiques peut être tout aussi douloureuse ou désastreuse pour la santé que la non-satisfaction des besoins physiologiques, qui sont pourtant les seuls à être qualifiés de besoins fondamentaux. Par exemple, le suicide n'est presque jamais lié aux besoins de base, mais il l'est au manque grave de réponse au besoin d'appartenance et à toutes ses composantes affectives. Combien de personnes déprimées ou épuisées se culpabilisent d'être malheureuses alors qu'elles ont tout pour être heureuses! Pourtant, elles échangeraient bien leur sécurité et leur aisance pour combler leurs besoins d'amour, d'estime ou de réalisation.

En fait, chaque individu construit *sa propre hiérarchie de besoins,* en fonction de sa propre vision du monde et de sa façon unique d'affronter la vie. Il importe à chacun de nous de rester vigilant au regard de cette réalité tant pour répondre à ses propres besoins que pour aider ses clients à mieux gérer les leurs.

Les besoins: jugements de valeur et énergie

Nos jugements, parfois très acerbes à l'endroit des choix et des comportements de certains clients, pourraient être remis en cause par une lecture différente des éléments essentiels au maintien de l'équilibre physique et psychique de ces derniers. En changeant d'optique, en ce qui a trait à la lecture des besoins fondamentaux par exemple, nous pourrions comprendre différemment certaines «folles dépenses». En individualisant la pyramide, nous nous situerions dans un autre cadre, évitant ainsi de nous buter à une échelle de valeurs qui ne convient pas à la personne que nous voulons aider. Notre intervention prendrait alors une direction plus réaliste, puisque nous la situerions dans le contexte psychologique du client, nous épargnant ainsi une perte d'énergie en jugements inutiles et en tergiversations.

Mais la nécessité d'individualiser la hiérarchie des besoins ne concerne pas que nos clients. Les intervenants sociaux aussi doivent réfléchir à leurs besoins personnels sans porter des jugements de valeur. Pour eux également, la question est de connaître les besoins à la base de leur propre équilibre psychologique.

Les besoins psychologiques: comment les décoder?

De manière générale, lorsque nos clients nous parlent d'eux ou qu'ils nous racontent leurs souffrances, ils n'utilisent pas le mot «besoin». En effet, il est rare qu'ils voient leur mal-être comme la conséquence d'une absence de réponse à leurs besoins, puisque, la plupart du temps, ils mangent, ils ont un toit et ils sont bien vêtus. Pourtant, le discours de la personne déprimée ou épuisée tourne toujours autour des besoins d'ordre psychologique, et rares sont les personnes qui savent les décoder.

Lorsque Georges est venu nous demander son intégration dans un projet d'emploi subventionné, il était au chômage depuis plus d'un an. Il ne nous a pas dit clairement qu'il se sentait diminué de ne pas avoir de travail. Il était déprimé et ressentait un grand vide. Il nous a raconté que sa famille l'avait mis sur un piédestal le temps qu'il a occupé son poste de gestionnaire, mais il nous disait cela sans vraiment décoder ce qui l'affectait le plus. Cependant, il a longuement retenu notre attention en nous relatant, par le menu détail, qu'il était en train d'aider son beau-frère à refaire le toit de sa maison. Il nous parlait de son ingéniosité et de sa débrouillardise. Georges souffre de sa perte d'emploi, mais il semble ignorer à quel point il en est affecté et surtout quels aspects de lui-même sont touchés. C'est en cela que nous avons dû l'aider afin qu'il puisse se réorienter en tenant compte de son besoin moteur.

En nous entretenant avec monsieur Lemire, âgé de 84 ans, ou madame Gauthier, qui aura bientôt 90 ans, nous nous rendons vite compte avec quel empressement ils nous entraînent dans leur passé de travailleur et de mère de famille. Monsieur Lemire aime parler du poste de contremaître qu'il occupait et de l'importance qu'il avait dans l'entreprise. Madame Gauthier se rappelle sa fierté lorsqu'elle voyait partir ses sept enfants à la messe du dimanche vêtus «comme des enfants de riches» grâce à ses talents de couturière.

Monsieur Lemire et madame Gauthier nous parlent alors de certains de leurs besoins psychologiques. Nous pourrions dire que cela n'est pas étonnant puisque, leurs besoins physiologiques étant satisfaits, ils passent maintenant à un autre ordre de besoins. Ils nous disent: «Vous savez, je pourrais vivre avec peu (faisant allusion à leur condition financière), mais je pense que je voudrai toujours me sentir utile.» Les gens ont certes besoin de vivre décemment, mais ils ont aussi un grand besoin de donner un sens à leur vie, et cela passe souvent avant le confort matériel que nous leur offrons.

Gisèle avait été dirigée vers nous par son médecin traitant. Elle était en arrêt de travail pour épuisement, et ce n'est pas peu dire, car elle avait littéralement de la difficulté à mettre un pied devant l'autre. Mon père aurait dit: «Elle est complètement vidée.» Gisèle cumulait les tâches d'enseignante et de représentante syndicale. Pour des raisons qu'elle ignore, elle fut évincée d'une manière très subtile par la direction de son école. Et, supposément pour des raisons de logistique, on a déplacé le bureau attribué au représentant syndical. Comme par hasard, elle dut déménager au sous-sol de l'immeuble, dans une pièce sans fenêtre. Isolée dans son petit coin, elle ne voyait presque plus ses collègues. Elle commença à dépérir, mais ne voulait pas le montrer. «Ils n'auront pas ma peau», se disait-elle régulièrement, histoire de tenir le coup. Désireuse de sauver la face, elle nia d'abord les répercussions de ce changement sur elle jusqu'au jour où elle n'a plus été capable de se cacher sa déprime. Elle se sentait affreusement seule et n'avait plus le goût d'enseigner; pourtant, elle adorait sa profession. Elle dut se rendre à l'évidence: rien n'allait plus!

Cette enseignante ne savait pas exactement quel besoin avait été touché ni ce qui lui apportait toute cette souffrance, du moins n'en parlait-elle pas. Elle fut très surprise de constater que l'enseignement passait pour elle au second plan par rapport à son besoin d'appartenance. En la reléguant aux oubliettes, l'administration avait touché une corde très sensible et son principal motif d'action s'en était trouvé fortement ébranlé. Si bien qu'après seulement quelques mois de ce régime, elle se retrouvait complètement à plat. Comment pouvions-nous l'aider? Nous lui avons suggéré de travailler sur son scénario de vie afin de prendre conscience des principales motivations qui l'animaient. Après quelques exercices de réflexion, elle put mettre le doigt sur ce qui l'avait le plus affectée dans sa situation. Elle comprit que les avantages sociaux et le salaire élevé n'étaient pas ses principaux éléments de motivation. Elle avait besoin d'être soutenue et entourée.

En réfléchissant de plus près au contenu des différentes histoires de vie, il nous est apparu clairement que les besoins d'ordre psychologique pouvaient être classés en trois grands groupes: les besoins d'**attention,** les besoins d'**affection** et les besoins d'**affiliation.** Nous avons ainsi créé une grille de lecture que nous avons appelée **la grille des trois «A».** Par la suite, nous avons voulu mettre à l'essai cette grille de lecture auprès de plusieurs intervenants et clients, et il semble qu'elle soit fort utile à plusieurs points de vue. Elle permet, entre autres choses, de mieux cibler nos interventions et nous rend plus facile la compréhension des différents scénarios de vie.

Attention

Affection

Affiliation

Bref, elle facilite la lecture et le décodage des besoins psychologiques et nous permet de mieux nous connaître et, éventuellement, d'orienter nos actions de façon à obtenir la rétroaction dont nous avons besoin pour éviter l'épuisement.

1. Le besoin d'attention peut être décrit comme le besoin d'être *vu,* d'être *entendu* et d'être *reconnu.* Il s'agit, en fait, du besoin de visibilité.

   De toutes les personnes qui vivent en collectivité, qu'il s'agisse d'élèves à l'école ou de personnes âgées en institution, plusieurs manifestent désespérément leur besoin d'être *vues,* de ne pas passer inaperçues. Elles veulent clamer leur individualité en «attirant l'attention».

   Combien de personnes travaillant en groupe ou participant à une conférence expriment clairement et parfois même trop souvent le besoin de prendre la parole et d'être *entendues* par les autres? Ce n'est pas nécessairement leur visibilité qui est la plus importante, mais le fait de capter l'attention des autres et de les influencer.

   Combien de personnes ont besoin d'évoluer dans un milieu où elles sont connues? Elles ont besoin avant tout d'être *reconnues* et appelées par leur nom, ou encore de se distinguer dans un groupe par une qualité ou une expertise particulière, ce qui renforce leur identité personnelle.

   Le besoin d'attention est en rapport avec la création, le maintien et le renforcement de l'identité d'un individu, ce qui favorise la sécurité psychologique. Selon Albert Colette (1970): «La sécurité psychologique est essentielle à l'individu dans ses tentatives renouvelées d'adaptation au milieu. Chaque fois qu'elle est menacée, ce processus d'adaptation est remis en cause en raison des troubles affectifs qui apparaissent et qui engendrent en général des états d'anxiété paralysante[4].»

2. Le besoin d'affection pourrait être défini comme le besoin d'être *accepté, aimé* et *valorisé.* Le besoin d'affection peut aussi être compris comme le besoin de gratitude.

   L'individu a d'abord besoin de s'accepter lui-même et d'être *accepté* par les personnes significatives de son entourage. La personne a d'autant plus besoin d'acceptation qu'elle se juge elle-même négativement par rapport à des critères physiques ou comportementaux, ou encore relativement à des choix jugés déviants en comparaison des normes sociales. L'acceptation nous semble constituer un préalable à l'amour et à la valorisation.

   L'observation de l'évolution affective de l'enfant nous montre combien le besoin d'*amour* est capital dans le développement psychologique de l'individu. L'amour se manifeste principalement à travers les marques d'affection, de tendresse et les attentions personnelles. Il est un facteur puissant de reconnaissance, d'acceptation et de sécurité affective. La personne qui a besoin d'amour veut avant tout se montrer aimable, c'est-à-dire digne de l'amour des autres. En ce sens, elle sera extrêmement sensible aux attentes et aux besoins des autres.

4. Colette, A. (1970), *Introduction à la psychologie dynamique: Des théories psychanalytiques à la psychologie moderne,* Bruxelles, Éditions de l'Institut de sociologie de l'Université libre de Bruxelles, p. 144.

Le besoin de *valorisation* est particulièrement important dans tous les milieux de travail. Pour Colette, l'individu a besoin de se valoriser à ses propres yeux afin d'atteindre à une estime de soi sécurisante. Mais cette valeur est par ailleurs appréciée en fonction de critères sociaux. Aussi l'individu qui ressent le besoin de se valoriser va-t-il tenter de combler son besoin dans un contexte social en cherchant à y acquérir une place, en faisant en sorte que ses efforts ou ses succès soient soulignés. Ce besoin est en relation étroite avec l'affirmation de soi.

3. Le besoin d'affiliation pourrait être compris comme le besoin d'être *recherché, entouré* et *soutenu.* Il se traduit plus particulièrement par le besoin de soutien social et affectif, et par le besoin d'inclusion.

Plusieurs personnes ont vécu l'expérience suivante. On divise un groupe en deux équipes. Les capitaines des deux équipes doivent choisir à tour de rôle leurs joueurs. Comment la personne choisie la dernière se sent-elle? Certainement très mal surtout si elle a un grand besoin d'affiliation. La personne qui a besoin d'être *recherchée,* celle dont le principal moteur est le besoin d'affiliation, veut exercer un attrait sur les autres par ses qualités physiques ou morales. Le fait que les autres viennent à elle, souhaitent sa présence et l'incluent dans leur groupe vient renforcer son estime de soi et sa confiance.

La personne qui a besoin d'être *entourée* déteste travailler seule. La solitude est pour elle source d'angoisse. La présence des autres la stimule et lui donne de l'énergie. Elle n'attend pas que les autres viennent à elle; elle établit elle-même des rapports avec les gens et maintient activement ses relations sociales.

Si certaines personnes peuvent s'épanouir entourées d'un grand nombre de gens, d'autres cherchent avant tout la compagnie de personnes qui les soutiennent. Ce n'est pas le besoin de faire partie d'un réseau important qui prime pour elles, mais la qualité de leurs rapports. Leurs relations doivent leur apporter du *soutien* à différents niveaux: fonctionnel, social ou affectif. Il importe qu'elles puissent compter sur les autres pour recevoir différentes formes d'aide au moment où elles en ont besoin. Le besoin de soutien est en lien étroit avec le besoin de sécurité affective.

En écoutant attentivement les propos des personnes épuisées ou déprimées, nous pouvons reconnaître lequel de ces trois besoins est pour elles source de souffrance s'il n'est pas satisfait. En effet, les clients disent assez fréquemment qu'on les tient pour acquis, qu'on ne les a pas invités à tel rassemblement, que les autres ne pensent jamais à eux, qu'ils se sentent exclus, oubliés ou rejetés. D'autres encore affirment: «Quoi que je fasse, personne ne me remarque...» Voilà autant de façons de manifester sa privation d'attention, d'affection ou d'affiliation.

Ces propos, nous les retrouvons aussi dans la bouche de nos clients, adolescents en difficulté, chômeurs ou personnes âgées isolées, qui peuvent avoir de plus grands besoins d'affiliation que d'autres. Leur situation d'exclusion sociale les atteint d'autant plus fortement que leur besoin d'affiliation est grand. En fait, nous souffrons tous, à des degrés variables, d'une certaine carence par rapport à l'un ou à plus d'un de ces trois types de besoins. Par exemple, pour une personne, le besoin d'attention aura une grande importance dans sa vie alors qu'elle accordera une importance modérée au besoin d'affiliation. Partant de cette connaissance, comment pourra-t-elle répondre à ses besoins sans honte et sans culpabilité?

La grille des trois «A» et la notion de retour

Nous investissons tous de l'énergie pour satisfaire nos besoins d'**attention,** d'**affection** et d'**affiliation.** Certains sont plus sensibles au besoin d'attention, d'autres ressentent toujours un manque ou un besoin d'affection, tandis qu'un troisième type de personne éprouve davantage le besoin de se sentir inclus et accepté. Bien connaître nos besoins psychologiques peut nous amener à faire des choix professionnels permettant de mieux les satisfaire. Cependant, nous devons reconnaître que nos besoins peuvent changer, nous amenant à procéder à des changements importants dans notre vie personnelle et professionnelle. À un certain moment de notre vie, notre motivation pouvait découler de notre besoin de recevoir de l'attention, tandis que ce besoin peut être moins important dans l'immédiat. En d'autres mots, nous devons toujours rester en lien avec l'adéquation besoin-réponse.

L'épuisement en regard des besoins physiques et psychologiques

La recherche de satisfaction des besoins physiques est, bien sûr, un puissant motif d'action, mais il ne semble pas que ces besoins soient aussi directement responsables du phénomène de l'épuisement que ne le sont les besoins psychologiques. C'est pourquoi nous nous attarderons plus longuement sur la question des besoins psychologiques que sur celle des besoins physiques. S'il y a épuisement physique pur et simple, nous parlons davantage de fatigue et nous pouvons alors récupérer assez facilement en nous reposant.

Par contre, l'épuisement dans le sens de lassitude morale ou de brûlure interne a une composante émotionnelle très importante. Dans ce cas, la récupération est beaucoup plus complexe, car il est souvent plus difficile d'identifier les moyens de récupération adaptés à la situation. C'est en ce sens également que la grille des trois «A» peut nous venir en aide à la fois pour comprendre ce qui s'est passé et pour ouvrir des pistes de recouvrement de l'énergie et de prévention de rechute.

En effet, il semble plus facile de répondre à nos besoins physiologiques et à nos besoins de sécurité qu'à nos besoins psychologiques, en partie parce qu'ils sont plus faciles à identifier et socialement mieux acceptés. D'ailleurs, la majeure partie des mesures sociales ne tournent-elles pas autour du bien-être physique de nos clients? Il est sûrement plus facile et plus urgent de donner de la nourriture et un toit aux membres de la communauté que de les aider à vivre de façon plus saine et épanouie.

Les mesures sociales en regard des trois «A»

Il y a lieu de s'interroger sur la portée de la réduction des investissements de l'État dans les mesures sociales sur nos besoins psychologiques. Habitués que nous étions à distribuer les ressources financières et les services, comment parviendrons-nous à satisfaire nos besoins d'attention, d'affection et d'affiliation lorsque nous n'avons plus rien à donner? Comment se portera l'équilibre de notre compte en banque énergétique? Comment entretiendrons-nous notre motivation? Quand nous n'avons plus rien à donner à nos clients, qui s'attendent pourtant à de l'aide tangible, quand nous devons les mettre sur une liste d'attente, les refuser ou les diriger ailleurs, comment nous sentons-nous? Orienter et faciliter l'accès des clients aux ressources, n'était-ce pas en grande partie ce qui nous permettait de nous sentir utiles?

ACTIVITÉ DE RÉFLEXION SUR LE SONGE

Un jour, un intervenant social fit un songe. Un sage lui apparaissait et lui disait qu'il devrait, au cours de sa vie, exercer un métier exigeant, un métier de justicier! Il lui demanda de trouver une façon de distribuer équitablement le blé qui poussait sur ses terres. «Vous devez vous débrouiller avec les moyens du bord, lui dit-il, et ne jamais vous décourager, quoi qu'il arrive.» Puis il ajouta qu'il devrait faire cela pour le compte de l'un ou l'autre des trois maîtres suivants: soit le seigneur Attention, le seigneur Affection ou le seigneur Affiliation. Il devait choisir pour qui il voulait travailler, mais il devait s'engager à fond pour les dix prochaines années. Et le sage ajouta que durant ces dix années il ne pourrait avoir qu'un seul maître. Il lui demanda de choisir maintenant et spontanément en essayant de cerner ce dont il souffrait le plus dans ses rapports humains.

Le sage promit de revenir dans dix ans pour faire le bilan, et il ajouta: «Si je vous trouve en pleurs, déprimé et sans énergie, c'est que vous aurez fait le mauvais choix pour vous. Par contre, si je vous trouve joyeux, enthousiaste et débordant d'énergie, malgré la lourde tâche que je vous ai confiée, c'est que vous aurez reconnu et accepté votre principal moteur d'action et que vous aurez mis tout en œuvre pour vous placer en situation de retour et d'équilibre quant à vos investissements d'énergie. Ne craignez pas de vous sentir mercantile; c'est le meilleur conseil que je puisse vous donner maintenant, et j'ajouterais qu'il importe d'avoir le courage de respecter ses besoins.» Et le sage disparut!

Après avoir lu ce texte, notez spontanément vos réflexions et vos commentaires.

- Qu'est-ce qui vous surprend le plus?
- Pour le compte de quel maître avez-vous œuvré ces dernières années?
- Laissez l'exercice en suspens et consacrez-y une demi-heure chaque jour et cela, pendant cinq jours consécutifs.

Le besoin d'attention: règles du milieu et croyances

Dans nos milieux de travail, il existe toutes sortes de règles plus ou moins implicites concernant les marques de reconnaissance. Par exemple, lorsque nous réussissons un bon coup avec un client, nous aimerions sans doute que notre réussite soit soulignée d'une manière ou d'une autre, mais nous pouvons nous heurter à la règle voulant que personne ne soit mis en évidence. Bien des supérieurs hiérarchiques entretiennent la croyance que nous devons travailler dans l'ombre et qu'il est puéril de vouloir être encensés. Puisque nous sommes engagés et payés pour faire ce travail, il est tout simplement normal de bien l'effectuer. Pourtant, l'un n'empêche pas l'autre!

Outre certaines croyances, il existe aussi des craintes relatives au besoin d'attention. Par exemple, si nous faisons partie d'une équipe où plusieurs intervenants manifestent leur besoin d'attention, nous risquons d'assister à une surenchère de bons coups, et ce genre de comportement peut nous ennuyer au plus haut point. Avez-vous déjà remarqué comment nous pouvons être intolérants face à des personnes qui cherchent toujours à se mettre en évidence dans un groupe? Serait-ce parce que nous tentons nous-mêmes de nier notre propre besoin et que nous croyons que les autres devraient faire de même? Sommes-nous mal à l'aise lorsque nous sommes susceptibles d'être mis en évidence? Sommes-nous frustrés que le milieu ne puisse pas répondre à ce besoin?

Vous avez sans doute également constaté que le besoin d'attention fait l'objet de plusieurs croyances dont la plus couramment invoquée est qu'un bon professionnel se doit d'être autonome, discret et modeste.

Le philosophe Ignatieff (1986) nous dit que le mot «besoin» renvoie surtout à une catégorie morale[5]. C'est ce qui explique, selon lui, que l'on s'attende que ce soit la personne qui l'éprouve qui doive le satisfaire. Croire, par exemple, que la réponse aux besoins d'ordre psychologique relève du privé expliquerait sans doute, en partie du moins, le fait que nous n'avons jamais vraiment créé des services en lien direct avec les besoins d'attention, d'affection et d'affiliation.

Besoin d'attention ou visibilité plus large

Certains clients nous remercient pour les services que nous leur rendons ou prennent le temps de nous faire part de ce qui les a le plus aidés. Des collègues remarquent parfois le travail que nous faisons et nos supérieurs immédiats nous gratifient quelquefois de remarques positives. Mais le compliment ou les remerciements exprimés seul à seul dans un bureau fermé n'a pas la même influence sur le besoin d'attention ou de visibilité qu'une marque de reconnaissance publique. Nous nous attendons à ce que les autres témoignent de nos capacités et de notre valeur personnelle et professionnelle. Et pour bon nombre d'entre nous, il semble que pour bien satisfaire le besoin d'attention, cela requiert des témoins! Il serait certes très bénéfique d'être gratifiés de marques d'attention dans notre milieu de travail, mais si tel n'est pas le cas, nous pourrons chercher d'autres lieux ou d'autres activités pour y en recevoir.

Réhabiliter le besoin d'attention

Les besoins d'affection et d'affiliation sont habituellement plus facilement acceptés que le besoin d'attention. Ce dernier peut être désavantageusement associé à la vanité,

5. Ignatieff, M. (1986), *La liberté de l'être humain: Essai sur le désir et le besoin,* Paris, Éditions de la Découverte, 138 p.

à l'orgueil ou à la suffisance. Le besoin d'attention a souvent eu mauvaise presse. Qui n'a jamais entendu dire: «Cesse donc d'attirer l'attention» ou encore «Il veut toujours attirer l'attention!»? Malgré tout, il ne faudrait pas confondre le comportement qui consiste à attirer l'attention avec le fait de satisfaire un besoin d'attention. D'ailleurs, si vous dites d'un client ou d'un enfant qu'*il veut attirer l'attention,* votre sentiment à son égard se traduira sans doute par de l'agacement, ou peut-être même par de l'exaspération.

Devant le même comportement, si vous dites que ce client ou cet enfant *a besoin d'attention,* vous aurez sans doute une tout autre attitude. Vous vous sentirez plus enclin à l'aider ou vous serez plus tolérant et plus positif à son égard. Vous chercherez alors une façon de l'aider à obtenir de l'attention sans déranger.

Attirer l'attention: un comportement coûteux en énergie

Les personnes qui cherchent constamment à attirer l'attention ont un comportement plus ou moins sain et sont souvent dérangeantes. Leur attitude a des répercussions assez désastreuses dans les milieux de vie collective comme une classe, un centre d'hébergement, une colonie de vacances ou une unité de réadaptation. Cette question revient toujours au cours des séminaires que nous animons sur la prévention de l'épuisement.

Le grand nombre de personnes qui doivent se partager l'attention des professionnels et des responsables peut amener certains clients à déranger ou à manipuler pour obtenir une plus grande part d'attention. Pour certaines personnes, il s'agit presque d'une question de survie psychologique, car elles ont le sentiment de se fondre dans la masse. Ce n'est donc pas en continuant de nier l'importance du besoin d'attention que nous apprendrons à le gérer avec aisance et respect de l'autre. Au contraire, accepter d'y réfléchir va nous aider à trouver des moyens nouveaux et originaux d'y répondre, pour nous-même et pour nos clients.

Le besoin d'attention: divers modèles de réponses

Nous avons souvent observé que les personnes qui présentent des carences au niveau du besoin d'attention en arrivent à croire qu'il est plus raisonnable d'apprendre à se passer d'attention. Le besoin d'attention des autres crée souvent des réactions émotives chez ceux qui doivent y répondre. Nous avons pu constater que, lorsque les événements de la vie nous bousculent, lorsque nous manquons de temps, nous ne sommes pas tellement disposés à donner de l'attention.

En tant que professionnels, nous sommes souvent surchargés d'appels téléphoniques de personnes qui requièrent notre attention. Ce sont souvent les mêmes qui nous rappellent encore et encore! Ainsi, nous sommes obligés de donner notre attention à ceux qui l'attirent, négligeant parfois, faute de temps, ceux qui ne demandent rien.

Par contre, dans nos rapports privés, parce que nous avons plus de liberté d'action, nous avons souvent tendance à accorder plus d'attention à ceux qui n'en réclament pas, alors que nous ignorons souvent ceux qui en redemandent, parce que cela nous dérange. L'amie discrète suscitera davantage notre intérêt que celle qui nous accapare sans cesse, n'est-ce pas? L'enfant calme et raisonnable attirera davantage notre sympathie que celui qui réclame continuellement notre attention. Le collègue qui prend toujours la parole dans les réunions ou qui vient nous consulter à tout propos suscitera notre rejet, à plus ou moins long terme, et nous aurons tendance à rechercher davantage la compagnie des autres que la sienne. Évidemment, ce comportement ne fait qu'empirer les choses.

Le besoin d'attention et le regard de l'autre

C'est le regard de l'autre qui, au début de notre vie, nous fait intégrer le fait que nous sommes là et que nous existons. Avant l'âge de huit mois, le bébé n'a pas encore la permanence de l'objet, et si sa mère ne lui parle pas ou ne lui porte pas suffisamment d'attention, c'est comme si elle n'existait pas. Beaucoup d'adultes se comportent comme s'ils n'avaient pas traversé harmonieusement cette phase de leur développement; et ils en veulent encore et toujours davantage, car ils n'arrivent pas à intégrer qu'ils existent malgré le regard de l'autre.

Scott Peck écrit dans son ouvrage *Le Chemin le moins fréquenté* que l'attention que nous recevons étant jeunes nous donne un sentiment de valeur personnelle[6]. Le désir de satisfaire ce besoin est donc non seulement légitime, mais essentiel à notre équilibre psychique et à notre santé mentale.

Ainsi, lorsque Céline Dion chante, elle reçoit énormément d'attention. Elle n'a certainement pas à attirer l'attention. Toute cette attention qu'elle reçoit lui permet de continuer à s'investir auprès de son public, car il s'est installé entre elle et lui un va-et-vient énergétique bénéfique pour tous. Quels que soient les moyens mis à notre disposition, il nous importe d'obtenir un retour gratifiant et nourrissant pour nos investissements d'énergie.

C'est peut-être en prenant conscience du retour immédiat accordé à la plupart des femmes et hommes de scène que nous en sommes venus à rêver en secret d'être des artistes, comme le dit si bien la chanson de Berger et Plamondon, «J'aurais voulu être un artiste… et savoir pourquoi j'existe». Voilà un texte qui illustre parfaitement bien le besoin d'attention. Si nous admirons tant les artistes, n'est-ce pas dû au fait que nous nous projetons en eux, que nous vivons à travers eux cette euphorie, ce bien-être d'être vu, entendu, reconnu? Entre la manie d'attirer l'attention et la satisfaction du besoin d'attention, il y a toute une différence, n'est-ce pas? À vous maintenant de vous regarder agir par rapport à ce besoin!

6. Peck, S. (1987), *Le Chemin le moins fréquenté*, Paris, Laffont, 378 p.

Le besoin d'attention suscite toujours beaucoup de questions et de controverses. C'est, en effet, un sujet vaste et complexe tant ses ramifications sont nombreuses. Nous ne pouvons, dans cet ouvrage, en explorer toutes les avenues, mais nous souhaitons amener le lecteur à bien faire la différence entre satisfaire sainement un besoin d'attention et drainer l'énergie de l'interlocuteur en attirant son attention.

L'épuisement personnel et professionnel

Pourquoi faire la distinction entre l'épuisement personnel et l'épuisement professionnel? Lorsque nous considérons la notion de retour énergétique, nous constatons que l'épuisement est un phénomène global. Il concerne toujours une personne et l'ensemble de sa vie. Lorsque nous tentons de faire la distinction, nous voulons comprendre les causes de l'épuisement et départager les responsabilités. Nous cherchons des circonstances atténuantes à notre épuisement et, pour ce qui est de l'épuisement professionnel, peut-être nous déculpabilisons-nous.

Cette réaction n'est peut-être pas si mauvaise qu'elle semble l'être au premier abord. Il est vrai que certaines conditions de travail favorisent l'épuisement, que certains milieux et certaines équipes de travail entretiennent des situations propices à l'épuisement. Malgré cela, c'est l'individu qui est épuisé. C'est également lui qui en paye la note dans son corps, et c'est encore lui qui devra réfléchir sur les circonstances à l'origine de son épuisement.

Dans le chapitre 9, nous traiterons de la responsabilité de l'organisation dans le phénomène de l'épuisement et nous tenterons également d'apporter des éléments de réflexion à propos des équipes de travail dans lesquelles nous évoluons quotidiennement. Mais peu importe la part de responsabilité des organisations et des équipes, il n'en demeure pas moins que l'épuisement est un phénomène énergétique qui affecte la santé physique et mentale des individus et ces derniers ont, bien sûr, une part de responsabilité dans l'apprentissage de la préservation de leur énergie.

CHAPITRE

5

Le pouvoir personnel et la liberté d'action de l'intervenant social

Dans le chapitre précédent, nous avons longuement traité de la question de la réponse aux besoins. Or, pour accepter de combler nos besoins ou de demander aide ou soutien pour y parvenir, il est indispensable d'avoir un certain degré d'estime personnelle ou, du moins, de croire en notre capacité d'apporter des changements dans notre vie.

Selon Seligman (1979), tout être vivant qui doit vivre constamment des situations génératrices de stress sur lesquelles il n'a aucun pouvoir sombre dans la «résignation acquise» et la dépression. Au cours de ses recherches, Seligman a demandé à des sujets de résoudre des anagrammes insolubles. Par la suite, il leur a demandé de résoudre des anagrammes solubles: ils en ont été incapables. Le chercheur en conclut que le sentiment d'impuissance se transpose d'une situation d'échec à de nouvelles situations où le succès pourrait être possible. C'est l'exemple type de la construction d'une croyance[1].

Les recherches en laboratoire ne font parfois que confirmer ce que la vie nous donne à observer. L'impuissance apprise peut, en effet, se manifester très tôt dans la vie tout comme elle peut s'acquérir au fil d'expériences porteuses d'échec. Que dire du nourrisson qui n'arrive pas à se faire comprendre de sa mère ou qui ne parvient pas à digérer le lait qu'on lui donne à boire? Que vit l'enfant à qui on répète sans cesse qu'il ne fait rien de bon? Qu'arrive-t-il à l'étudiant placé régulièrement en situation d'échec ou à l'employé parachuté sans préparation dans une nouvelle fonction? Ces situations affectent sans contredit le sentiment de pouvoir personnel.

La théorie de l'impuissance apprise élargit le champ de nos connaissances sur les comportements comme la résignation, l'apathie, l'immobilisme ou la démotivation. Elle nous aide à mieux comprendre la difficulté qu'ont certains de nos clients à se mettre en mouvement en vue de répondre à leurs besoins et leur propension à subir les événements, en pensant qu'ils sont inéluctables.

1. Seligman, M. (1979), *Helplessness: On Depression Development,* San Francisco, Freeman Press, 250 p.

Il n'est pas facile de faire bouger ces personnes ni de les aider à se mobiliser. En fait, lorsqu'une personne a à vivre régulièrement des événements échappant à son contrôle, elle subit une baisse de motivation et d'efficacité et n'arrive plus à croire qu'elle a du pouvoir sur sa vie. Sans être vraiment en mesure de décoder ce qui lui arrive, elle manifeste un sentiment d'inconfort et se plaint du mal-être qui l'habite. Bien qu'elle veuille se sentir mieux, elle ne sait pas vraiment quoi faire pour y arriver. De plus, les croyances qu'elle entretient à propos d'elle-même bloquent tout processus de créativité, et cela l'empêche évidemment de faire preuve d'initiative afin de trouver de nouvelles solutions pour faire face à ses problèmes ou pour répondre à ses besoins.

Les personnes qui ont une attitude passive devant les événements ne sont pas portées à réfléchir à la question du pouvoir personnel. D'ailleurs, le simple fait d'utiliser le mot «pouvoir» leur fait souvent peur, car il fait référence à tous les abus dont elles ont été victimes.

Le pouvoir personnel: une définition

Le sujet du pouvoir personnel n'est pas toujours facile à aborder, parce que le mot «pouvoir», comme tel, renvoie à plusieurs réalités. Trop souvent il nous fait penser à l'abus que l'on peut en faire, car notre travail nous place continuellement devant des situations d'abus faites à des personnes faibles et dépendantes. De plus, dans la population en général, ce terme n'a pas une connotation très positive. Habituellement, il suggère l'abus d'autorité, la dictature ou l'emprise d'une personne sur une autre. Ainsi, lorsqu'on parle de pouvoir, il faut presque immédiatement expliquer ce dont il est question. C'est peut-être en vue d'éviter la confusion qu'on utilise le mot *empowerment* ces dernières années pour parler de pouvoir personnel. Bien que ce terme nous soit de plus en plus familier, nous continuerons d'employer l'expression «pouvoir personnel» dans ce chapitre.

Pour nous aider à situer notre réflexion, nous décrirons le pouvoir personnel comme la capacité qu'a tout être humain de diriger sa vie. Il peut signifier également la capacité que nous avons tous de développer nos ressources et de les utiliser, ainsi que celle de reconnaître notre marge de manœuvre dans les différentes situations de notre vie.

Le sentiment d'impuissance et l'énergie

Côtoyer des personnes qui ne croient pas en leur capacité et en leur possibilité d'apporter des changements dans leur vie nous vide rapidement de nos énergies, surtout lorsque nous tentons de les convaincre qu'elles ont des choix et qu'elles peuvent dominer leur vie.

Si nous voulons préserver notre énergie, il est primordial d'accompagner les clients qui explorent le sentiment de pouvoir personnel. Nous devons repérer chez eux la manifestation du sentiment d'impuissance et voir avec eux comment il leur est possible de travailler à augmenter leur sentiment de pouvoir personnel. Nous devons les aider à définir leur marge de manœuvre dans les situations qui leur semblent plus ou moins figées. Les personnes qui ne voient pas d'issue dans leur situation présente ont tendance à se replier sur elles-mêmes; et elles ont souvent l'impression «de ne pas avoir le choix», ce qui, d'ailleurs, a une incidence assez évidente sur leur niveau d'énergie.

Dans un autre ordre d'idée, l'expression «je n'ai pas le choix» a pour effet de clore la discussion autant avec soi qu'avec les autres et condamne souvent à l'immobilisme la personne qui l'énonce. Ce blocage de la communication est assez paradoxal, si l'on considère que la personne nous demande de l'aider à sortir de l'impasse dans laquelle elle se trouve. L'intervenant qui ne travaille pas sur cette incongruence risque de dépenser beaucoup d'énergie. D'ailleurs, les personnes qui ne perçoivent pas les choix qui s'offrent à elles sont souvent très habiles à nous faire agir à leur place. Elles nous invitent, pour ainsi dire, à leur démontrer qu'effectivement elles ont des choix, et pendant ce temps nous travaillons à leur place.

Que ce soit de la part d'aidants naturels épuisés, de personnes âgées en perte d'autonomie, d'assistés sociaux ou de chômeurs de longue date, la phrase «je n'ai pas le choix» revient toujours. Des collègues de travail nous la disent également, et elle est tout aussi lourde à entendre et à porter. Que faire alors lorsque les autres nous prennent à témoin de leur impuissance? Il ne s'agit pas de les convaincre du contraire, mais de leur ouvrir des horizons nouveaux.

Le pouvoir personnel et la marge de manœuvre possible

L'idée même d'avoir le choix nous donne parfois un lourd sentiment de responsabilité. Dire que nous avons le choix, c'est accepter une part de responsabilité dans la recherche de solutions possibles pour régler notre situation. Accepter d'avoir le choix, c'est aussi assumer le poids de la responsabilité de notre vie.

Lorsque notre travail nous rend malheureux ou malades par exemple, il n'est pas nécessairement facile de penser que nous pouvons choisir de le quitter. Et si, en plus, nous avons des obligations financières ou familiales, nous aurons tôt fait de mettre fin à notre réflexion et de penser que nous n'avons pas le choix. Nous nous culpabiliserons même d'avoir songé, ne serait-ce qu'un instant, à le quitter.

Contrairement à ce que nous croyons souvent, nous avons toujours le choix. Le fait même de décider que nous n'avons pas le choix en est un en soi! Nous avons même le choix, dans une certaine mesure, d'aller jusqu'au bout de nos forces, ou jusqu'à ce que des événements extérieurs nous obligent à tenir compte de nos limites ou des limites d'une situation. Quoi qu'il en soit, nous savons par expérience qu'il n'est pas nécessairement facile de décider d'apporter des changements dans notre vie ou de décider d'assumer les conséquences de nos choix.

Dans une situation où il y a risque d'épuisement, nous pouvons nous dire que les emplois sont rares, qu'il n'y a rien devant nous et qu'il faudrait bien apprendre à nous contenter de ce que nous avons. Le sentiment de ne pas avoir le choix nous fait conclure que nous devons conserver le même emploi. Mais même si nous jouissons de bonnes conditions de travail, lorsque notre emploi nous pèse et nous rend malade, il importe d'analyser notre situation sans faux-fuyant et sans culpabilité. Revoyons sous tous ses angles la grande question du choix. Pour ce faire, tenons compte du genre de travail que nous faisons, de nos conditions de travail, de notre rémunération, ainsi que de tous les autres avantages associés à notre travail. Ensuite, mettons en parallèle notre motivation, nos besoins et notre état de santé. Nous aurons ainsi une idée plus juste des enjeux en cause et nous pourrons réfléchir à la marge de manœuvre dont nous disposons dans la situation qui nous préoccupe.

Le cadre d'exercice de la profession

L'expression «je n'ai pas le choix», si souvent utilisée pour traduire notre absence de pouvoir dans une situation donnée, se rapporte, quant à elle, à ce que nous nommerons le **cadre d'une situation** ou le **cadre de travail.** Rappelons ici que tout milieu de travail comporte des règles plus ou moins explicites, des directives, des contraintes, des normes et une éthique. Il peut aussi englober le mandat de l'établissement, le style de gestion, les attentes des gestionnaires à l'égard des employés, et même le style et la personnalité des employés et des directeurs. C'est ce qui constitue le cadre de travail.

Voilà le contexte dans lequel nous pouvons agir! Dans l'optique de prévenir l'épuisement, nous devons analyser notre manière de nous comporter par rapport au cadre d'exercice de notre profession. Puisque celui-ci renferme surtout des contraintes extérieures et qu'il influe sur notre énergie, il est essentiel de connaître notre fonctionnement énergétique habituel dans ce milieu qui nous est imposé.

ACTIVITÉ DE RÉFLEXION SUR LE CADRE PROFESSIONNEL

Passez en revue les différentes dimensions de votre cadre professionnel et réfléchissez aux questions suivantes:

Que représente, pour vous, votre cadre de travail?

____

____

Comment vivez-vous dans ce cadre de travail?

____

____

Arrêtez-vous quelques instants pour réfléchir. Le cadre dans lequel vous évoluez...

- Est-il limitatif quant à l'expression de votre créativité, de vos talents, de vos connaissances et de vos aptitudes?
- Est-il restrictif quant à l'acceptation des différences individuelles dans les rythmes de travail, les goûts, les intérêts, les forces particulières?

- Est-il restrictif quant à votre autonomie de pratique professionnelle?
- Y êtes-vous mis fréquemment en situation de double contrainte (exigences ou valeurs contradictoires, par exemple) vous amenant à ne plus savoir comment agir?

Le cadre et le mode de fonctionnement

Le pouvoir s'exprime sous deux aspects: le pouvoir que nous nous accordons et celui qu'on nous laisse. Si nous sommes salariés, nous avons souvent l'impression de n'avoir aucune marge de manœuvre dans l'interaction avec nos patrons. Il en découle inévitablement un sentiment d'impuissance qui nous coupe toute énergie. Lorsque nous nous sentons coincés, il est normal d'essayer de reculer les limites qui nous sont imposées ou, à tout le moins, de les critiquer.

Cependant, si ces limites sont établies par une organisation de grande envergure, bien structurée, imaginons le peu de pouvoir que nous avons sur elle! Pourquoi parler de pouvoir, ou *empowerment,* si les jeux sont faits et si tout le pouvoir est concentré chez quelques gestionnaires de l'organisation? Ne vaudrait-il pas mieux en rester là? N'est-ce pas plus douloureux d'approfondir la question, sachant que nous avons peu de pouvoir? Sans compter que les ressources de l'État diminuent et que les moyens dont nous disposons pour aider les autres sont faibles. Ne verrons-nous pas diminuer encore davantage notre marge de manœuvre dans l'accomplissement de notre travail? Et si les gens que nous devons aider à changer ne veulent pas amorcer le changement, aurons-nous gaspillé notre énergie?

Nous pourrions évidemment nous poser toutes ces questions, mais en regardant les choses sous cet angle, nous aurons tôt fait de nous décourager et nous éluderons ainsi toute la question du pouvoir personnel. D'ailleurs, certains intervenants sociaux déjà désabusés par l'usure et la confrontation quotidienne aux contraintes du milieu s'expriment ainsi: «C'est déjà assez difficile comme ça sans se déprimer davantage en se cognant de nouveau la tête contre les murs.»

Malgré toutes les contraintes, nous croyons indispensable de croire en notre pouvoir personnel pour peu que nous voulions réfléchir à la marge de manœuvre qu'il nous est possible d'avoir à l'intérieur du cadre dans lequel nous évoluons.

Lorsque nous nous sentons sans pouvoir d'action, nous avons tendance à baisser les bras et à abandonner la lutte, ou encore à mettre notre énergie en veilleuse, dans l'attente d'une possibilité. Cette dernière attitude constitue une bonne façon d'épargner de l'énergie. À titre d'exemple, si, par malheur, vous vous trouvez coincé dans un ascenseur en panne, ne serait-il pas préférable de cesser de crier ou de donner des coups contre la porte afin d'économiser votre énergie? Cela dit, il s'agit de prendre conscience de l'impasse dans laquelle nous place le fait de taper sur le cadre. Il vaut peut-être mieux envisager des façons d'orienter notre énergie ailleurs et différemment. Les personnes qui continuent de porter leur regard sur le cadre vont l'analyser, l'évaluer, le questionner et le critiquer sans cesse en dépensant bien inutilement leur énergie.

Le choix

Si tous les directeurs généraux et les cadres intermédiaires étaient élus par le personnel, si les règles et les processus étaient passés au vote, la question du pouvoir des intervenants ne serait peut-être plus la même dans les organisations. Mais la réalité est bien différente. Les compressions budgétaires actuelles et l'augmentation de la pression dans les établissements sont loin d'assouplir le cadre d'exercice de notre profession et de donner un plus grand pouvoir aux intervenants.

La triangulation: casser un réflexe

L'intervenant social a la réputation de savoir bien manier l'art de la parole. Il jongle avec les idées et les concepts et aime refaire le monde en discutant. Son rôle d'agent de changement social l'a d'ailleurs bien préparé à l'analyse et à la critique sociale. Cependant, cette propension à la critique s'étend souvent au cadre même de son travail. Beaucoup d'intervenants sociaux se réunissent pour «ventiler» leurs émotions et leurs déceptions à propos de la direction, des cadres, des politiques en vigueur, et de bien d'autres points de discussion. C'est là une caractéristique de certains milieux de travail.

Dans les milieux où le pouvoir est centralisé, nous avons constaté que la communication prend souvent la forme de la triangulation. Le concept de **triangulation** est apparu avec les théories de la communication. L'image du triangle sert à décrire le fait que le message destiné à un interlocuteur donné est plutôt adressé à un autre interlocuteur sans rapport avec le sujet de discorde ni pouvoir réel sur la situation.

En fait, lorsque nous adoptons ce comportement, nous adressons notre propos à une tierce personne sans tenir compte de l'existence de l'interlocuteur principal. Il se joue donc trois rôles: celui de l'utilisateur, celui de l'utilisé et celui du nié. Plusieurs raisons nous incitent à communiquer de cette manière. La plupart du temps, nous choisissons ce mode de communication lorsque nous croyons, à tort ou à raison, que nous ne serons pas entendus par la personne avec qui nous avons quelque chose à régler. C'est en effet lorsque nous vivons des situations où nous ressentons de l'impuissance que nous agissons ainsi.

Dans notre milieu de travail, il est fréquent d'avoir de la difficulté à nous adresser à la personne concernée pour régler le conflit qui nous oppose. Il est parfois difficile de demander une rencontre à notre patron pour discuter d'un point en litige. Nous préparons la rencontre en parlant du problème avec des collègues qui, en réalité, ne peuvent pas grand-chose pour nous. Bien que cette pratique offre, sur le coup, l'avantage de libérer notre colère, elle peut s'avérer néfaste si elle devient monnaie courante et si elle est notre principal mode de gestion des conflits.

Cette manière de communiquer nos désaccords ne mène nulle part et est très coûteuse pour une équipe de travail et pour une organisation. De plus, c'est une façon de vouloir changer le cadre sans se donner de choix dans le cadre. En réalité, communiquer ainsi dénote une certaine impuissance ou la croyance que nous n'avons aucun pouvoir dans une situation.

Lorsque nous prenons conscience que nos clients se comportent ainsi, ne les incitons-nous pas à dire les «bonnes choses aux bonnes personnes»? Il est vrai, parfois, qu'il peut être impossible de s'adresser aux personnes concernées et qu'il importe malgré tout d'en parler, mais cela doit se faire en ayant pour objectif de trouver une solution. Il n'est jamais utile de dire pour dire, de ventiler pour ventiler. Nous ne nions pas l'utilité de nous exprimer verbalement. Cela peut, en effet, faire beaucoup de bien. Mais l'important est d'exprimer nos rancœurs en vue de trouver des solutions, sinon nous risquons de dépenser inutilement l'énergie d'une tierce personne pour nier le principal intéressé dans sa capacité d'être un interlocuteur capable d'écoute et de changement. La triangulation est donc une autre manifestation du sentiment d'impuissance.

ACTIVITÉ DE RÉFLEXION SUR LA TRIANGULATION

- Rappelez-vous la dernière fois que vous avez ***triangulé***.
- Avec qui cela se passait-il?
- De quoi s'agissait-il?
- Comment vous êtes-vous senti?
- Y avez-vous puisé de l'énergie?
- Que constatez-vous par rapport à la triangulation dans votre équipe de travail?

Le quatrième principe de Lowen: s'entourer de gens positifs

Le docteur Alexander Lowen a énoncé quatre principes qui permettent de préserver et de renouveler notre énergie. C'est une clé qu'il nous propose pour retrouver notre pouvoir personnel dans les situations pouvant mener à l'épuisement. Dans ce chapitre, nous abordons le quatrième principe, qui est en lien direct avec toute la question de la triangulation et du pouvoir personnel. Les trois autres principes seront traités ultérieurement dans le chapitre qui porte sur la santé.

Lowen formule ainsi ce principe: ***s'entourer de gens positifs et de belles choses.*** Tant de discours nous enjoignent à être positifs, à penser positivement, à croire que la pensée positive peut tout. Cette idée semble faire très nouvel âge! Toutefois, il ne faut pas considérer le principe de Lowen comme une mode.

Il nous arrive à tous de discuter en petits groupes et de critiquer de façon stérile les patrons, les collègues ou les structures. Comment nous sentons-nous à la suite de ces séances où chacun se vide le cœur? Généralement pas dans notre meilleure forme énergétique. En réalité, les personnes qui affichent toujours une attitude négative et qui critiquent à tort ou à raison, et souvent sans apporter de solutions concrètes, provoquent une baisse d'énergie dans le groupe.

S'il y a peu de personnes qui agissent ainsi dans notre milieu de travail, il est possible d'exprimer notre malaise ou notre désaccord envers la triangulation. Mais si ce comportement se produit de façon quasi permanente et généralisée, il peut être difficile de nous y opposer ouvertement. Nous risquons le rejet du groupe. La solution serait alors de trouver des moyens pour côtoyer moins souvent et moins longuement les personnes très négatives: prendre nos pauses à des heures différentes, aller prendre l'air ou quitter le groupe lorsque «nos oreilles sont prises en otage». Devant notre changement d'attitude, les personnes les plus négatives s'éloigneront d'elles-mêmes. Nous pouvons aussi choisir de nous rapprocher de ceux et celles qui, comme nous, craignent les effets de la triangulation.

Dans l'intention de préserver notre énergie, nous pourrions nous associer à des collègues positifs dans leurs jugements, leurs idées et leurs actions. Cependant, être positif ne signifie pas entériner toutes les décisions et les modes de fonctionnement de l'organisation. Nous sommes positifs lorsque nous examinons ce que nous pouvons changer, individuellement et collectivement, dans l'organisation et que nous mettons en action notre pouvoir personnel.

Protection de la santé 4e principe: s'entourer de gens positifs

La deuxième partie de l'énoncé du principe de Lowen mentionne qu'il faut s'entourer de belles choses. Élargissons le sens du mot «choses» à des situations, à des personnes, à des conversations, à des éléments de la nature, à des objets et à des vêtements... pourquoi pas? Le principe de Lowen nous invite à nous placer en situation d'harmonie et à faire des choix axés sur la paix intérieure. Reportons-nous simplement au sentiment qui nous habite dans une situation où nous sommes congruents avec nous-même ou avec les autres. Quand nous faisons état de transparence dans nos rapports avec une personne ou que nous réglons un conflit ou prenons une position qui nous semble juste, comment nous sentons-nous?

L'harmonie que nous ressentons dans ces situations transparaît à travers nous. À l'opposé, lorsque nous sommes en disharmonie, n'avons-nous pas du mal à nous regarder en face dans un miroir? Nous suggérons de donner au mot «positif» le sens d'harmonie, de congruence, de beauté et de sentiment de plénitude.

Les contraintes extérieures: le cadre de travail

Comment reprendre notre pouvoir personnel? Comment pouvons-nous arriver à découvrir des solutions? Comment pouvons-nous contribuer à faire changer les choses? La confrontation de nos idées avec celles des autres a souvent pour avantages de pouvoir briser nos images toutes faites et de nous aider à voir les choses différemment.

Pour mieux canaliser notre énergie, il faut être en mesure de clarifier ce qu'il est possible de changer dans notre cadre de travail et ce qui ne l'est pas. Il s'agit d'acquérir une meilleure connaissance des limites du cadre et de nos limites personnelles. Si nous ne pouvons pas changer de patron, de structure administrative ou les législations et les règles en vigueur, va-t-on investir notre énergie en paroles inutiles auprès d'interlocuteurs qui n'ont pas plus de pouvoir que nous sur la situation que nous dénonçons ou allons-nous tenter de trouver de nouvelles pistes d'investissement énergétique? Comme le disait si bien le philosophe américain Thoreau: «Les choses ne changent pas; nous changeons.»

Sortir de son milieu de travail n'est pas une mince affaire et ce, à plusieurs points de vue. Les obligations financières, la rareté de l'emploi, les avantages acquis sont tous des facteurs de réalité qui contribuent à nous maintenir dans notre emploi. En revanche, il est possible d'examiner ce que l'on peut faire à l'intérieur de notre cadre. **Lorsque le cadre ne peut bouger, il faut bouger à l'intérieur du cadre!** Voilà une maxime qui d'ores et déjà doit nous guider sur le chemin de la santé physique et mentale! En appliquant ce principe, nous nous garantissons une meilleure vitalité tout en conservant notre énergie.

Il n'y a pas de cadre qui ne donne d'avenues à explorer! Les gens qui exercent du pouvoir dans leur vie ont compris ce principe. Dans un ouvrage devenu un classique de la psychologie des organisations, H.J. Leavitt souligne que chaque membre d'une organisation possède un pouvoir personnel et que c'est à chacun de décider de l'assumer ou non[2]. Contrairement à la croyance populaire, les subalternes ne sont pas sans pouvoir. Les intervenants sociaux ont du pouvoir dans les organisations, et les clients en ont aussi!

Le choix dans le cadre du travail

Portons attention à ce que nous dit Leavitt au sujet du pouvoir. Si vous êtes un intervenant, mettez-vous dans la peau de «B» tout en pensant à «A», votre supérieur immédiat. Si vous êtes un gestionnaire de services, lisez ce texte en vous identifiant à «A» tout en pensant à «B», l'un de vos subalternes.

> *Quel que soit le pouvoir que possède le «changeur», quel que soit son rang dans la hiérarchie, le «changé» reste maître de la décision finale. C'est l'employé, le plus mal [ou le mieux] payé, qui, en dernier ressort, décide s'il ira ou non travailler. C'est l'enfant qui décide en dernier ressort s'il obéira ou non. C'est le «changé» qui change. «A» peut exercer plus ou moins d'influence sur la situation. «A» peut faire des entrechats devant «B» pour le séduire; il peut cajoler, menacer ou punir; mais «B» (et cela peut être un «B» déraisonnable et capricieux) prendra la décision finale et acceptera, ou non, de changer. Bien plus, c'est «A» qui éprouve une tension, c'est «A» dont les besoins sont insatisfaits. Ainsi, c'est «A» qui dépend de «B».*
>
> *Après tout, «B» est un être libre; les efforts de «A» pour amener un changement chez «B» ne sont qu'un jeu de forces dans la multitude des forces qui s'exercent sur le comportement de «B». «B», en effet, est installé derrière le rempart solide de sa propre histoire et de sa propre personnalité, intégrant les efforts de «A» dans l'ensemble des forces qui agissent sur lui, et d'où peut sortir un genre de comportement nouveau, qui est, peut-être, ce que «A» désirerait obtenir, mais qui peut aussi bien ne pas l'être.*
>
> *Une plus grande puissance entre les mains de «A», un plus grand contrôle sur les besoins vitaux de «B» ne donnent pas nécessairement à «A» un plus grand contrôle sur «B». «B» n'est jamais complètement dépendant. C'est ainsi que le travailleur de l'industrie trouve toujours d'innombrables moyens fort ingénieux pour esquiver, neutraliser les changements imposés contre son gré par son chef, ou pour user de représailles.*

Ce texte nous fait prendre conscience que nous avons tous effectivement un pouvoir, parfois bien plus grand que nous voulons bien l'admettre. Mais il n'est pas toujours possible de l'assumer complètement, même si nous y croyons et même si nous le voulons.

2. Leavitt, H.J. (1973), *Psychologie des fonctions de direction dans l'entreprise,* Paris, Hommes et Techniques, p. 140-141.

Assumer son pouvoir, dans certaines organisations, peut vouloir dire adopter des stratégies pour influencer son entourage. Le développement de stratégies requiert généralement de la créativité, de l'audace, et parfois des appuis stratégiques.

Les contraintes intérieures

Nous possédons tous des valeurs personnelles et des règles de vie qui guident nos comportements, mais certaines d'entre elles peuvent constituer des contraintes à notre épanouissement personnel. Les contraintes intérieures sont des obstacles que nous opposons à notre pouvoir personnel et qui nous incitent parfois à garder le *statu quo* dans notre vie. Qu'elles soient clairement connues ou non, elles ont une incidence sur notre vie et sur notre santé énergétique.

Ces contraintes ont souvent pris la forme de croyances, d'injonctions, de mises en garde généralement émises par les parents, les professeurs, les superviseurs de stages, ou même les collègues d'expérience au début de notre carrière. L'essentiel de leur message a trait à l'impossibilité de faire des changements réels, à notre impuissance devant le pouvoir des autres, à nos peurs, à nos faiblesses et à nos incapacités, ou encore à nos doutes ou à notre culpabilité. Bref, les contraintes intérieures nous empêchent d'exercer notre pouvoir personnel.

Nos contraintes personnelles restreignent parfois notre exploration des limites organisationnelles. Ainsi, nous laissons souvent inexploré un vaste champ d'actions possibles. Nous donnons aux autres, à nos collègues, à nos clients et à nos patrons, une marge de manœuvre que nous n'osons même pas nous octroyer personnellement. Le pouvoir personnel ne nous est pas laissé d'emblée, il faut parfois se l'approprier pour prendre sa place.

Prenons l'exemple d'un intervenant social qui, à l'étude d'un dossier, s'en tient à la règle stricte, se disant que la direction ne voudra jamais accepter une dérogation ou une exception. Son attitude peut priver son client de certains avantages qu'un autre intervenant ira chercher pour son propre client. Tenir compte du contexte dans lequel se situe un client, explorer les limites des règles organisationnelles et nos propres limites, c'est aussi les repousser. Dans les organisations, les intervenants qui s'accordent du pouvoir personnel peuvent obtenir davantage pour leurs clients que les autres qui se sentent sans pouvoir. Explorer ses propres limites en tant qu'intervenant, c'est croire que le changement est toujours possible, qu'il y a place pour la négociation et les exceptions, et que l'on peut toujours trouver des compromis et des solutions à chaque problème.

Qui parle de limites parle aussi de place. Qui de nous n'a jamais eu besoin de revendiquer sa place? Qui peut affirmer se sentir totalement à l'aise dans toutes les situations? Qui sait toujours quelle place lui revient?

Nous avons observé que l'intervenant social avait parfois de la difficulté à assumer son pouvoir ou à définir la place qui lui revient. Il se plaint souvent de l'empiètement des autres professions dans son champ d'intervention professionnel. Qu'est-ce qui peut empêcher quelqu'un de prendre sa place? D'où viennent donc ces contraintes intérieures ou ces résistances qui l'empêchent de prendre sa place? Voilà beaucoup de questions! Avons-nous peur de déranger ou d'être jugés? Serait-ce une question d'estime de soi, ou encore de confiance en soi? Il serait important de prendre le temps d'identifier ce qui nous empêche d'exercer notre pouvoir personnel, qu'il s'agisse de contraintes reliées à nos valeurs ou à des défenses personnelles.

ACTIVITÉ DE RÉFLEXION SUR LA PLACE À OCCUPER

Afin de nous réapproprier notre pouvoir personnel, commençons par déterminer les croyances relatives à la place que nous devrions ou ne devrions pas occuper.

Nous les retrouvons souvent sous forme de phrases types telles que:

«Être né pour un petit pain»

«Fais-toi petit», «Ne prends pas toute la place», «Laisses-en aux autres»

«La charité est modeste»

«Quand on est valet, on n'est pas roi»

«Qui trop embrasse mal étreint»

«Il faut accepter de commencer au bas de l'échelle»

«Les gros mangent toujours les petits»

«L'ambition tue son maître»

Lorsque nous avons de telles convictions, nous avons du mal à prendre notre place, nous n'explorons pas nos limites et nous laissons toute la place aux autres. Nous nous jugeons ou nous avons peur d'être jugés par les autres. Nous préférons adopter une attitude discrète et manifester de la retenue à propos de nos ambitions et de nos projets, ou, comme disent les Anglo-Saxons, présenter un ***low profile***, c'est-à-dire un profil bas.

1. Recherchez des croyances qui illustrent un profil bas et complétez la liste présentée plus haut.

Faites une enquête dans votre entourage. Quelles croyances de ce type avez-vous communiquées à vos enfants dernièrement? à vos clients? à vos collègues? à vos amis?

____

____

____

____

____

____

____

____

____

____

Note: Il est vrai que nous ne pouvons nous permettre de tenir ce langage avec nos clients, mais si nous avons ces convictions ou que nous les transposons dans notre vie privée, cela influence sûrement nos attitudes.

Quelle conclusion pouvez-vous tirer de votre réflexion?

____

____

Cela vous renseigne-t-il sur la place que vous occupez?

____

____

Cela vous apporte-t-il de nouvelles idées sur la manière de prendre votre place?

____

____

2. Partez maintenant en quête de croyances qui suggèrent de s'ouvrir l'esprit aux belles choses de la vie.

En voici des exemples: «The sky's the limit» (tout est possible); «Soyez exigeant, demandez l'impossible!»; «Il vaut mieux être riche et en santé que pauvre et malade!»

Vous est-il plus difficile de trouver des croyances relatives à la possibilité de pouvoir que d'en trouver en lien avec la restriction de pouvoir?

Pourquoi cette mentalité?

Quelle est votre conclusion personnelle?

Une autre direction pour l'énergie

Nous venons de voir que l'énergie pouvait se buter à des contraintes extérieures: ***le cadre d'exercice de la profession,*** et à des contraintes intérieures: ***nos propres croyances quant à notre pouvoir personnel***. Dans les deux cas, il ne peut en résulter que des pertes d'énergie ayant des conséquences sur notre enthousiasme et sur notre fluidité énergétique. L'énergie devra donc circuler malgré tout et, pour ce faire, nous devrons porter notre regard sur un ailleurs qui ne nous est pas forcément familier, à savoir notre pouvoir possible à l'intérieur du cadre. Il s'agit maintenant d'apprendre à faire cette démarche et surtout à investir notre énergie en nous centrant sur **la marge de manœuvre que nous pouvons avoir à l'intérieur du cadre** dans lequel nous évoluons.

La créativité

Bon nombre de personnes pensent que la créativité est un domaine réservé aux artistes. Et lorsque nous leur parlons de créativité, elles nous répondent qu'elles ne savent rien faire de leurs dix doigts. La créativité est un domaine plus vaste qu'il n'y paraît au premier abord. Pour nous, c'est tout simplement une disposition à acquérir pour utiliser son imaginaire. Pour d'autres, c'est presque une manière d'être que de mettre un brin de fantaisie dans diverses situations de la vie quotidienne.

Au départ, faire preuve de créativité nous demande peut-être de faire appel à nos talents d'explorateur et de quitter notre chaise de conservateur. Explorer des avenues nouvelles peut parfois nous donner le sentiment de prendre des risques ou nous faire peur. Mais ce faisant, nous découvrons des choses auxquelles nous ne sommes pas habitués et notre image de nous-même en sera peut-être changée! Il serait intéressant d'essayer dans toutes sortes de petites choses. En effet, dans notre quotidien, n'avons-nous pas tendance à répéter les mêmes gestes, à prendre les mêmes chemins?

Par exemple, que faites-vous pour aller au travail? Vous passez tous les jours par la même route et revoyez les mêmes personnes attendant l'autobus au même coin de rue. Vous faites vos courses le même jour de la semaine. Vous recevez vos parents à dîner pour les mêmes occasions. Et que dire des fêtes de Noël et du Nouvel An? Chaque année, dès octobre, les gens se plaignent, dans nos cabinets de consultation, des «fichues» fêtes de Noël! Oui, elles sont souvent fichues. Dans presque toutes les familles nous retrouvons la même situation. Si quelqu'un veut déroger à la tradition, c'est la catastrophe, et le chantage affectif va bon train. Tout de même, essayez de faire changement, de bouger de petites choses, de petites routines sans sortir du cadre.

Comment pouvez-vous appliquer cette idée de changement dans votre milieu de travail? Commencez par introduire de petits changements dans vos rapports avec votre clientèle, avec vos collègues. Prenons l'exemple des appels téléphoniques. La consigne (le cadre) demande de retourner les appels téléphoniques le plus rapidement possible et de ne pas faire attendre le client. Alors, très souvent, nous retournons les appels rapidement sans faire de pause après chacun. Nous respirons à peine et notre rythme verbal est rapide. C'est le ton de l'efficacité.

Faisons un petit changement dans la façon d'appliquer les règles du cadre et essayons, par exemple lorsque nous nous adressons aux clients, de prendre un débit verbal lent. Puis, observons l'attitude de notre interlocuteur. Ce petit changement créatif produit de nombreux effets. Il renvoie l'interlocuteur à ses ressources; il lui dit subtilement qu'il n'y a pas d'urgence ou, s'il y en a, il l'incite à rester calme. Ce changement a aussi des effets positifs sur nous-mêmes; nous sommes plus calmes, nous gardons un meilleur contrôle sur notre intervention et nous perdons moins d'énergie. La liste des avantages pourrait s'allonger encore. Soyez créatifs, sortez des sentiers battus tout en restant dans votre territoire, dans votre cadre de travail.

La créativité et la confiance en soi

La confiance en soi vient de l'aisance acquise dans l'accomplissement d'une tâche. Elle est en rapport étroit avec l'expérience, surtout si celle-ci a été une réussite. La confiance en soi n'est pas une donnée que nous pouvons généraliser, bien que nous ayons tendance à le faire. Nous disons parfois d'une personne qu'elle a confiance en elle, mais en réalité, cette personne peut avoir confiance en elle dans un domaine particulier de sa vie, et en manquer dans un autre domaine. Par exemple, elle peut faire montre de beaucoup d'assurance lorsqu'elle parle en public, mais en manquer dans ses rapports affectifs avec les autres.

C'est l'accumulation de différentes expériences génératrices de confiance en soi qui donne le sentiment de pouvoir personnel. Certains milieux favorisent plus que d'autres le développement de la confiance, mais nous pouvons tous augmenter notre confiance en nous en vivant de nouvelles expériences au cours desquelles nous acquerrons de nouvelles habiletés. Ces expériences exigent de notre part des efforts d'adaptation et l'adaptation sous-tend une forme de créativité, puisqu'il faut trouver des solutions originales afin de nous adapter aux nouvelles situations. La confiance en soi favorise la créativité et, en conséquence, l'adaptation. Et la créativité et l'adaptation au changement accroissent à leur tour la confiance en soi.

L'augmentation du potentiel créatif donne un sentiment d'aisance et de liberté peu commun. Lorsque nous sommes créatifs, nous avons l'impression que nous pouvons toujours trouver une solution à nos problèmes. Nous ne nous sentons pas bloqués. Au contraire, nous savons que nous détenons du pouvoir sur la situation et sur notre vie. Cela revient à dire que nous sommes débrouillards. Notre nouvelle vision nous permet de clarifier ce qui, à première vue, nous semblait brouillé et insoluble. Les difficultés ou les changements ne sont alors pas vécus comme des menaces ni comme des échecs, mais comme des défis et des occasions de croissance. Ce sont, en fait, des occasions où nous pouvons exercer notre créativité. La créativité constitue donc un élément important d'*empowerment* pour l'intervenant social. Il s'agit d'un très bon moyen de rester en mouvement et de faire circuler l'énergie et ainsi de se protéger contre l'épuisement énergétique.

De nombreuses recherches sur l'épuisement ont utilisé le concept de hardiesse et mis en évidence un lien significatif entre les personnalités hardies et la prévention de l'épuisement au travail. Les personnes hardies sont des personnes engagées, qui ont le sentiment d'avoir du contrôle sur leur vie et qui voient les changements comme des défis, et non comme des menaces.

Nous croyons, pour notre part, que toutes les occasions de manifester de la créativité et de la confiance en soi chez l'enfant, l'adolescent ou l'adulte peuvent constituer des moyens de développer des personnalités hardies. Par ailleurs, nous croyons qu'il faut étendre la croyance selon laquelle nous avons toujours des choix possibles dans les diverses situations de notre vie. C'est là la meilleure façon d'augmenter notre contrôle sur notre vie et de préserver notre énergie.

Si ma vie a une valeur, mon énergie en a une aussi. Si je donne mon énergie à tous et à chacun, je leur transmets inconsciemment le message suivant: «Faites de moi ce que vous voulez!»

J'ai le pouvoir de créativité, j'ai le pouvoir de transmettre l'espoir, j'ai le pouvoir de laisser à l'autre ses propres responsabilités.

CHAPITRE

6

Empêcher le surmenage: une question d'attitude

La gestion du capital santé

Nous avons souvent observé que les gens ayant peu conscience de leur valeur personnelle ont l'habitude de gaspiller leur énergie. Pour eux, la santé est un bien de consommation de peu d'importance, qu'ils dispersent à droite et à gauche selon les exigences de tous et chacun, et sans aucun égard ou presque pour eux-mêmes. Cette attitude se situe à l'opposé des principes de la prévention de l'épuisement.

Prenons la définition stricte du mot «attitude»: une attitude est la résultante de l'intention et de la disposition intérieure que nous entretenons à l'égard d'une chose, d'une personne ou d'une situation. L'attitude serait donc la partie visible d'un processus interne. Dans ce chapitre, nous allons mettre en évidence toutes les attitudes que nous avons acquises à l'égard de notre santé en démasquant nos intentions et nos dispositions à l'égard de celle-ci.

Quelle attitude avons-nous à l'égard de notre santé? Bonne question n'est-ce pas? La santé, c'est la santé, et vous vous dites sûrement qu'il n'y a pas lieu de commencer à l'analyser ainsi.«Tant qu'on a la santé, on a tout», «Je suis chanceuse, j'ai une bonne santé», «Je remercie Dieu de m'avoir donné une bonne santé», «C'est pas de sa faute, il n'est pas en santé», «C'est tellement une bonne personne! Quel dommage qu'elle n'ait pas de santé», «Je n'ai jamais eu vraiment de santé», «J'ai une petite santé», etc. Des commentaires de ce genre révèlent notre conception de la santé.

À les entendre, nous pouvons presque imaginer un petit distributeur de santé de facture divine agissant selon des règles de mérite ou de punition. Ce système, aussi mystérieux qu'insolite, semble toutefois avoir bonne presse. Bien sûr, il s'agit d'une caricature voulant mettre en évidence notre tendance à croire en la chance quand il est question de santé et à prendre celle-ci comme un don du ciel. Par voie de conséquence, le don est souvent compris comme une récompense attribuée à une sorte d'élite. Ceux qui n'ont pas de santé se sentent dévalorisés et ceux qui en possèdent n'osent pas trop y penser de peur de la perdre.

D'ailleurs, plusieurs personnes véhiculent la superstition selon laquelle se vanter de sa santé peut attirer la maladie ou la malchance! Nous avons remarqué un autre phénomène concernant la santé: nous commençons souvent à nous en occuper lorsqu'elle donne des signes de défaillance, autrement nous la tenons pour acquise!

En matière de santé, comme en matière de confiance en soi, les choses ne sont pas aussi globales que nous avons tendance à le croire. Quand nous disons que nous avons ou que nous n'avons pas de santé, nous globalisons et nous nous privons ainsi d'apporter des nuances dans l'évaluation de notre état de santé. Il se peut que sur certains points nous manquions de résistance ou de capacités, mais cela ne veut pas dire que nous n'avons plus de forces. Lorsque nous sommes fatigués, nos forces diminuent temporairement, mais nous pouvons apprendre à récupérer.

Faisons un remue-méninges sur le thème de la santé. Qu'est-ce que la santé? Est-ce l'absence de maladie? Théoriquement, nous savons que non! Mais, de manière générale, nous nous disons en santé quand nous ne sommes pas malades, en forme quand nous pouvons accomplir toutes les tâches que nous croyons devoir accomplir. Tous les petits malaises de la vie courante, comme les maux de tête, les maux de ventre, les maux d'estomac, sont considérés comme des indispositions passagères reliées au stress ou à de mauvaises habitudes alimentaires. Ils ne nous inquiètent pas outre mesure, à moins que nous ayons tendance à l'hypocondrie.

Nous apprenons de plus en plus à saisir les signaux d'alarme en ce qui concerne notre santé physique. Il devrait en être de même pour ce qui est de notre santé mentale. Autrefois, on entendait très peu parler de santé mentale. Les maladies mentales, mises à part les plus spectaculaires, étaient gardées secrètes. Le sujet était tabou. On pensait que les problèmes de santé mentale ne frappaient que quelques rares personnes. On attribuait les états dépressifs ou les états de démotivation chronique au tempérament ou à l'influence familiale et l'on ignorait le rôle important que l'individu pouvait jouer dans l'apprentissage d'un bon équilibre physique et psychique.

Le fait d'être intervenant social, psychologue ou infirmière et de s'occuper de personnes malades physiquement ou mentalement confère une position particulière quant à la santé. Le malade, celui dont on doit prendre soin, c'est l'autre. Il n'est pas étonnant alors que les professionnels de la relation d'aide tiennent la santé pour acquise et que, par le fait même, ils ne sachent pas comment réagir lorsqu'ils sont eux-mêmes touchés par la dépression ou l'épuisement. «Il aurait dû voir venir, savoir comment se protéger ou savoir quoi faire pour éviter d'en arriver là.»

Bon nombre de professionnels de la santé mentale tentent de cacher leur état de détresse, minés par la honte d'en être rendus à ce point. Parfois, ils recourent aux drogues ou à l'alcool, ou encore au surinvestissement dans le travail pour tenter de maîtriser leur stress et leurs émotions.

En résumé, la santé n'est pas un bien qui nous est donné une fois pour toutes, et personne n'est à l'abri de la maladie. En ce sens, la prévention nous concerne tous, quels que soient notre âge, notre état de santé, notre profession ou l'état de nos connaissances en la matière.

L'intervenant social et son bien-être

La formation de base de l'intervenant social ne touchait guère, jusqu'à tout récemment, à la connaissance de soi et à la gestion du stress. Fait assez étonnant, puisque la gestion du stress, celui des autres surtout, sera le lot quotidien de l'intervenant social. Comment pourra-t-il se protéger devant tous les malheurs et les déboires qu'on lui soumettra jour après jour? Comment fera-t-il pour rester vigilant? Nous nous pensons souvent forts et aguerris dans cette profession, mais le stress tisse sa toile de façon insidieuse. Une situation stressante pour l'un ne l'est pas forcément pour l'autre, et une situation habituellement peu stressante peut le devenir si nous sommes fatigués et émotionnellement vulnérables. De là vient l'importance de bien nous connaître quand nous œuvrons dans cette profession.

Dans un autre ordre d'idées, il est préférable de parler d'état de santé plutôt que de la santé. Le mot état nous porte à nuancer l'évaluation que l'on fait de notre santé. En effet, la santé nous apparaît comme un état d'équilibre énergétique constitué de plusieurs facteurs. Parmi ceux-ci, notons la capacité de prendre du recul dans une situation, de gérer des émotions fortes, de savoir doser son engagement, d'évaluer l'effet négatif d'une situation sur soi, de varier les registres émotionnels, de diversifier ses activités, de se désinvestir et de s'investir, de se gratifier, de reconnaître ses forces et ses limites, de s'affirmer, de refuser, de pleurer, de rire, de se divertir, de reconnaître ses peurs, d'accepter sa colère, etc.

ACTIVITÉ DE RÉFLEXION SUR LA PERCEPTION DE SA SANTÉ ET DE SON BIEN-ÊTRE

- En quels termes parlez-vous de votre santé ou de votre bien-être?
- Que pensez-vous de votre santé ou de votre bien-être?

Les apports de Lowen à la protection de la santé énergétique

En matière de santé, le chemin n'est pas forcément tracé d'avance. La santé relève de multiples facteurs qu'il convient d'approfondir. Le pouvoir que nous détenons sur notre état de santé nous permet de travailler à différents niveaux afin de l'améliorer et de continuer à pouvoir agir sur elle. Dans la perspective de reprendre le pouvoir sur notre santé, nous suivrons les quatre principes de protection de la santé formulés et éprouvés par le docteur Lowen.

Lowen a consacré la plus grande partie de sa vie à la thérapie, à la formation et à la supervision de professionnels de la santé d'orientation psychocorporelle. Il a également beaucoup écrit sur la bioénergie, théorie qu'il a lui-même fondée. Ses ouvrages lui ont valu une renommée mondiale. Citons: *Le Corps bafoué, Le Plaisir, La Joie retrouvée, La Dépression nerveuse et le corps*. Le docteur Lowen est un être exceptionnel tant par sa vigueur que par son intelligence et sa persévérance. Il a consacré sa vie à l'étude de l'énergie et à la recherche de moyens valables et efficaces pouvant augmenter la vitalité.

Selon lui, on ne peut étudier l'adéquation d'une approche d'intervention sans la situer dans un contexte socioéconomique et culturel. Il soutient aussi que chaque époque «produit» ses maladies et que la nôtre est responsable de l'émergence des personnalités narcissiques. Le «chacun pour soi» a succédé à une période de notre histoire qui mettait l'accent surtout sur le devoir et la négation de l'individualité.

L'intervenant social a donc à assumer les retombées sociales de ce contexte. Sans vouloir condamner un groupe plus qu'un autre, et en nuançant notre opinion, nous pourrions donner l'exemple de certains grands-parents qui se désinvestissent complètement de leur rôle sous prétexte de vivre leur vie. Ils considèrent avoir fait leur devoir en élevant leurs propres enfants. Maintenant, «que leurs enfants fassent de même et qu'on ne leur demande plus rien»; ils ont déjà donné ce qu'ils avaient à donner! Nous pourrions aussi parler des nombreux parents divorcés qui se désintéressent de l'éducation de leurs enfants laissés à la garde de leur ex-conjointe ou conjoint. Les personnalités narcissiques ne sont pas l'apanage d'un groupe d'âge en particulier.

Évidemment, il y en aurait long à dire à ce sujet et tel n'est pas notre propos. Nous voulons simplement illustrer que le désengagement des uns incite à l'engagement des autres. En effet, le désengagement de toute personne fait peser un fardeau supplémentaire sur les épaules de ses proches ou sur la société dans son ensemble. L'intervenant social, pour sa part, est souvent le mandataire de cette société. Dans un tel contexte, il aura évidemment avantage à réfléchir à son investissement énergétique, à plus forte raison s'il désire rester en santé et continuer d'exercer sa profession.

Doté d'une conscience sociale particulièrement aiguë, Alexander Lowen a fait des recherches approfondies dans les domaines de l'intervention et de la prévention. Nous pouvons être en désaccord avec certaines des méthodes qu'il préconise ou avec les applications qu'en ont fait quelques-uns de ses disciples, il n'en demeure pas moins qu'à la base, ses travaux de recherche clinique sont fort utiles et qu'aucun autre auteur, à ce jour, n'a apporté un meilleur éclairage sur l'énergie, sur les obstacles auxquels se heurte la circulation de cette énergie et sur ce qui affecte notre vitalité.

Il a démontré très clairement le lien qui existe entre la respiration, l'expression de soi, la résolution des conflits, la pensée positive, la dignité et l'esthétisme d'une part et la vitalité d'autre part. Il a énoncé clairement quatre principes pouvant nous guider dans la gestion de notre énergie et dans le développement d'attitudes permettant de prévenir l'épuisement. C'est ce que nous allons maintenant voir de façon plus détaillée.

Le docteur Lowen exprime ses principes de prévention comme suit: respirer, s'exprimer, régler ses conflits, s'entourer de gens positifs et de belles choses.

Le premier principe: respirer

Le premier principe de gestion de l'énergie selon Alexander Lowen a trait à la respiration. Faisant preuve d'esprit critique, nous pourrions penser qu'il est superflu de parler de respiration, puisque tout être vivant respire. Mais c'est précisément parce que nous respirons que nous devons y réfléchir. En effet, nous avons souvent tendance à ne pas réfléchir sur les évidences. Lowen nous rappelle que nous ne naissons pas tous avec le même capital énergétique; par contre, il nous est possible de maximiser ce potentiel par la respiration. Une bonne respiration fera mieux circuler l'énergie, tandis qu'une respiration moins fluide réduira notre résistance à l'effort, au stress et à la maladie. Voilà d'excellentes raisons pouvant nous motiver à approfondir nos connaissances en matière de respiration.

Les autres principes énoncés par Lowen sont tout aussi importants, mais nous verrons, après les avoir étudiés de plus près, qu'ils ont aussi une incidence sur la respiration. En effet, s'exprimer, s'entourer de gens positifs et de belles choses ou régler ses conflits sont tous des actes qui permettent de mieux respirer, au sens propre comme au sens figuré.

Avant de poursuivre notre travail sur la respiration, il serait utile de la définir. Nous dirons que la respiration est le *mouvement créé par l'échange d'air, donc l'apport d'oxygène, dans nos poumons, nos organes vitaux et dans tout notre corps.* La respiration se traduit par un mouvement de plus ou moins grande amplitude. De manière générale, elle constitue un bon indice de la vitalité d'un individu. En effet, c'est l'observation de l'amplitude respiratoire qui nous permet de découvrir s'il existe des blocages énergétiques.

La posture, le mouvement et la respiration

Notre posture influence grandement notre respiration. Ployer sous le fardeau du travail, ou regarder continuellement le bout de ses chaussures, ne facilitent pas une bonne respiration. Lorsque Lowen examine un corps, il peut y lire du premier coup d'œil les conflits intérieurs, les blocages d'énergie et il sait quelle partie du corps a besoin de respirer. La posture influe sur la respiration, et la respiration à son tour agit sur la posture, mais les deux sont influencées par nos émotions.

Le sport et la respiration

Bien que le sport ne soit pas le seul moyen efficace pour apprendre à mieux respirer, il reste un moyen très utile, car il favorise l'échange d'air. Il n'est toutefois pas une panacée.

Dans notre travail, nous avons tous eu l'occasion d'observer que les personnes déprimées ont tendance à ne pas bouger. C'est là une conséquence évidente de la dépression: les personnes déprimées psychologiquement le sont aussi énergétiquement,

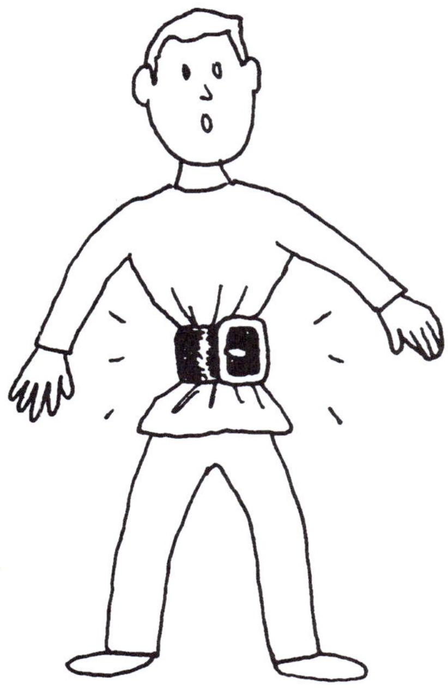

Protection de la santé
1er principe: respirer

nous dit Lowen. Il n'est pas étonnant alors de constater que les personnes en proie à la dépression passent des heures à ruminer, à regarder la télévision ou à se bercer dans la pénombre d'un appartement peu aéré. Il y en a qui peuvent passer des jours sans sortir. Elles semblent en état de choc et respirent au minimum vital. On a déjà tenté l'expérience de faire sauter en parachute des personnes déprimées et les résultats se sont révélés concluants. Une personne atteinte de dépression doit bouger même si par définition cela lui est difficile.

Quant à nous, intervenants sociaux, il est primordial d'apprendre à bien respirer, car c'est grâce à notre énergie que nous amènerons nos clients à bouger. Comme le dit si bien Lowen, une personne déprimée ne sait plus comment s'y prendre pour s'aider; si elle le savait, elle ne viendrait pas nous consulter. D'où l'importance de nous munir de moyens efficaces pour bien respirer tant physiquement qu'émotionnellement. Nous pouvons respirer profondément en faisant de la marche, de la natation, en chantant ou en jouant au golf, ou bien en ventilant nos émotions. L'essentiel, c'est de respirer!

Les résolutions

Les grandes résolutions ne valent rien si nous ne faisons qu'y penser. Quand nous exerçons un métier qui demande peu d'activités physiques, il importe de se donner des occasions de bouger. Un grand effort de concentration peut être néfaste pour la respiration, car il provoque un ralentissement du métabolisme. Lorsque nous nous concentrons beaucoup, nous respirons peu et notre respiration est superficielle. Travailler à l'ordinateur exige une concentration telle que nous oublions presque de respirer. Il peut même nous arriver de respirer au rythme de notre capacité de frapper les touches. Alors, ou nous faisons de l'hyperventilation ou nous ne respirons presque plus afin de garder notre rythme.

Le travail intellectuel exige de nous une grande discipline pour apprendre à varier nos activités. Nous avons généralement tendance à vouloir nous divertir dans des sphères d'activité se rattachant à celle dans laquelle nous nous fatiguons. À la bibliothèque, nous choisissons des livres à caractère psychologique. Quels films louons-nous au club vidéo? Quelles émissions de télévision regardons-nous? Des drames psychologiques, des émissions d'affaires sociales, des histoires vécues, etc. Attention! bougeons! Au moins, levons-nous pour téléphoner, faisons les cent pas dans notre bureau pour réfléchir, mais bougeons!

Les petits moyens sont souvent plus efficaces que les grandes résolutions non tenues, qui peuvent même être source d'un sentiment de culpabilité: j'aurais dû... ou je devrais... La respiration est souvent affaire de rythme et de rupture entre la concentration et la déconcentration. Ne pas prendre de pause café et ne pas s'accorder de temps entre deux entrevues pour relâcher sa tension affectent la respiration. Prendre sa pause café en discutant intensément avec ses collègues des problèmes du bureau ou des clients, c'est rester branché à son travail et demeurer dans le même registre d'émotions.

Afin de maintenir nos résolutions, il faut se donner des points de repère et changer certaines habitudes. Espacer légèrement ses rendez-vous et refermer la porte de son bureau après ses entrevues pour éviter qu'un collègue ne s'y engouffre, c'est se donner la possibilité de décompresser, de clarifier ses émotions, de prendre quelques notes et d'écrire ses dossiers. S'allouer dix ou quinze minutes avant de recommencer à prendre ses appels téléphoniques ou prendre l'habitude de marcher quelques minutes avant de monter dans sa voiture après une entrevue tendue et difficile au domicile d'un client sont d'autres moyens qui nous permettent de prendre un peu de recul, de nous laisser le temps de ressentir, de nommer nos émotions, et peut-être de les «respirer».

Les émotions et la respiration

Lorsqu'une émotion intense et désagréable nous frappe, nous avons le réflexe de bloquer notre respiration, pour ainsi maîtriser l'émotion. Or, si nous voulons apprendre à maîtriser nos émotions et non à les bloquer, nous devons précisément porter attention à notre respiration. Nous devons continuer à respirer pendant que l'émotion nous affecte et la laisser prendre place en nous jusqu'à ce qu'elle s'éteigne d'elle-même. Plus l'émotion est intense, plus nous devrions respirer en mettant l'accent sur l'expiration. Quand nous disons à quelqu'un de respirer par le nez, nous voulons, en fait, l'inviter à expirer son émotion.

En période de grand stress, nous faisons comme si nous voulions économiser notre respiration, ou encore comme si nous voulions éviter d'avoir mal en nous renfermant en nous-même. Pourtant, nous devrions trouver des façons différentes de respirer, sans rien bloquer. Les hoquets et les sanglots bruyants sont d'ailleurs des façons naturelles d'expirer lorsque nous sommes dans un état émotionnel intense. Certaines thérapies incitent les participants à crier pour exprimer leurs émotions. Dans notre travail quotidien, nous pouvons faire régulièrement l'exercice de l'expiration consciente, mais nous devons le faire encore davantage lorsque nous avons conscience d'une charge affective intense.

ACTIVITÉ SUR LA RESPIRATION

Plusieurs fois par jour, prenez une bonne inspiration et commencez à expirer lentement en imaginant que votre souffle part du dessus de la tête, qu'il voyage lentement dans votre corps en descendant à la verticale et qu'il sort au bout de vos orteils. Au début, vous aurez de la difficulté à rester fluide et lent dans votre expiration; vous serez plutôt porté à soupirer, c'est-à-dire à expulser l'air d'un coup, comme nous le faisons lorsque nous sommes impatients. Cet exercice peut être efficace pour libérer nos sentiments d'impatience et nos contrariétés. Mais tentez l'expérience de l'expiration lente comme si vous vouliez vous appliquer un onguent intérieur, une sorte de baume sur vos organes vitaux. Vous pouvez visualiser chacun d'eux comme bon vous semble ou expirer en ne pensant qu'au rythme de votre souffle qui circule en vous.

Il s'agit là d'un excellent exercice à la portée de tous et qui peut se faire partout. À l'usage, vous en découvrirez les multiples bienfaits. Quoi qu'il en soit, il ne faut jamais forcer la respiration, mais plutôt se placer en situation de pouvoir mieux respirer.

«Marcher sur des œufs»

Nous connaissons tous l'expression «*marcher sur des œufs*». Qui peut respirer lorsqu'il marche sur des œufs? Lorsque nous marchons sur des œufs, nous retenons forcément notre respiration. N'avez-vous jamais dit: «J'avais tellement peur que j'ai cessé de respirer»? La peur est une émotion qui affecte négativement la fluidité de notre respiration. En réalité, toutes les émotions influencent la respiration, mais il en est qui sont plus dommageables que d'autres. Rappelons brièvement qu'il existe quatre grandes émotions humaines: *la joie, la tristesse, la peur et la colère.*

Protection de la santé
2e principe: s'exprimer

Lowen a travaillé toute sa vie à nous enseigner comment réduire les répercussions négatives de la tristesse, de la peur et de la colère. Il sait pertinemment que travailler à éliminer les séquelles émotionnelles de ces émotions va nous aider à retrouver la joie et la vitalité. Dans son dernier ouvrage, *La Joie retrouvée,* Lowen propose plusieurs exercices propres à favoriser l'expression des émotions.

Le deuxième principe: s'exprimer

Qu'est-ce que s'exprimer au regard de la prévention de l'épuisement? À ceux qui sont familiers avec les ordinateurs, nous pourrions dire que le fait de s'exprimer équivaut à vider le disque dur de notre ordinateur avant que le système tombe en panne en raison d'une surcharge.

Notre corps, comme notre cerveau, fonctionne comme un ordinateur. Il stocke tout ce que nous lui donnons à ingérer, le bon comme le mauvais. En approche psychocorporelle, nous parlons alors de la mémoire des cellules. Nous devons donc apprendre à faire régulièrement le ménage de notre disque dur si nous voulons avoir encore de la place non pas nécessairement pour stocker de nouvelles informations, mais tout simplement pour vivre.

Plusieurs d'entre nous vivent comme s'ils étaient les piliers d'un temple. Ils portent leur vie à bout de bras et toute leur énergie leur sert à se tenir la tête hors de l'eau. Le vécu émotionnel non résolu occupe tout l'espace et colore leurs nouvelles expériences. Il reste peu de place pour la spontanéité, l'enthousiasme et la joie de vivre. Nous pensons que ces personnes ne font que vivoter; d'ailleurs elles le disent elles-mêmes en début de thérapie. Souvent, elles s'expriment ainsi: «Je ne suis ni heureuse ni malheureuse. Je suis fatiguée de vivre ainsi. Pourtant, il doit bien y avoir quelque chose d'autre. La vie, ça ne peut pas être que cela, n'est-ce pas?»

L'expression des émotions

Qu'y a-t-il de nouveau à dire à propos des émotions? Tout n'a-t-il pas été dit? D'entrée de jeu, disons que les émotions témoignent de la vie. D'ailleurs, qui dit vie dit émotion. Il est donc inutile d'essayer de ne pas en avoir. Une émotion peut être agréable ou désagréable, mais elle n'est jamais bonne ni mauvaise, comme on l'a tant de fois laissé supposer. Nous ne devons pas porter de jugement moral à propos de l'émotion. Elle est en quelque sorte la température du cœur. Elle nous renseigne sur ce que nous vivons, voilà tout.

Sous prétexte de maîtriser nos émotions, nous avons appris à les refouler, faute de savoir comment canaliser l'énergie qui en découle. Une émotion transforme notre physiologie et génère un grand potentiel d'énergie. Devant ce flot d'énergie, parfois nous avons peur et nous tentons de le bloquer ou de le nier, selon les circonstances ou encore selon nos croyances ou nos peurs.

Le flot énergétique né de l'émotion fait peur. «Ne t'excite pas comme cela, dira tel père à son enfant, ne ris pas si fort, maîtrise-toi» ou «Cesse de crier, cesse de pleurer, cela ne fait pas si mal que ça». «Ne te mets pas dans tous tes états», disait une mère à son enfant d'un an et demi à peine.

C'est la culture que nous avons reçue à propos de nos émotions: il ne faut pas trop les exprimer, elles ne doivent pas trop paraître pour ne pas déranger les autres. Cette culture des émotions tient à la fois aux particularités de nos origines familiales et aux particularités de notre pays et de sa culture. Ainsi, selon que nous soyons originaires du Maghreb, de la France ou du Québec, notre façon d'exprimer notre peine ou notre colère risque d'être différente. Selon notre culture et nos croyances personnelles, certaines émotions sont entachées de tabous difficiles à surmonter. À titre d'exemples: une femme ne doit pas se mettre en colère, un homme avoue difficilement sa peur ou exprime difficilement sa tristesse par des larmes. Pourtant, si ces émotions existent, c'est donc qu'elles ont leur raison d'être. La «machine humaine» est tellement bien faite que l'on peut se demander pourquoi le «fabricant» l'aurait encombrée d'émotions si celles-ci n'étaient pas utiles.

La tristesse, la peur, la colère: trois points à signaler

1. Pour gérer nos émotions, nous devons tout d'abord prendre conscience de l'émotion qui nous habite et la nommer.
2. Une fois l'émotion identifiée, nous serons en mesure de la libérer par l'expression.
3. L'émotion peut être exprimée de plusieurs façons, mais sans jamais être projetée sur les autres.

   Nous pouvons exprimer nos émotions de façon verbale ou non verbale.

   Nous pouvons exprimer nos émotions artistiquement.

Nous pouvons exprimer nos émotions sportivement.

Nous pouvons exprimer nos émotions dans un cadre thérapeutique.

L'émotion est un carburant qui doit nous permettre d'entrer dans le mouvement créatif.

Les émotions sont indissociables des situations que nous vivons, elles en sont le produit et nous devons apprendre à développer un répertoire d'actions pour les exprimer. Le mot «répertoire» suggère la diversité et la multiplicité. Si nous n'avions qu'une seule façon d'exprimer nos émotions, cela pourrait se révéler néfaste à la longue. Si je crie lorsque je suis en colère, et que je crie lorsque j'ai peur, et que je crie encore lorsque j'ai de la peine, je risque avec le temps de ne pas me faire comprendre par mon entourage, de brouiller le message que je cherche à exprimer, ou même de me faire rejeter. Il va sans dire que l'action que nous choisissons de faire pour canaliser une émotion témoigne de notre maturité. S'il n'y a pas de bonnes ni de mauvaises émotions, il y a certes de bonnes ou de mauvaises manières de les exprimer. En matière d'expression d'émotions, comme en toutes choses, il existe certaines règles que nous devons respecter.

Cela demande énergie et volonté que d'apprendre à exprimer nos émotions dans le respect de soi et de l'autre.

ACTIVITÉ DE RÉFLEXION (A) SUR LES ÉMOTIONS

- Habituellement, comment exprimez-vous d'habitude votre tristesse?
- Habituellement, comment exprimez-vous d'habitude la peur que vous éprouvez?
- Habituellement, comment exprimez-vous d'habitude la colère que vous ressentez?
- Habituellement, quelle réaction avez-vous quand vous éprouvez de la joie?

ACTIVITÉ DE RÉFLEXION (B) SUR LES ÉMOTIONS

- Quelle est votre émotion dominante? ____________________
- Savez-vous pourquoi? ____________________

  ____
- Combien d'énergie consomme-t-elle, selon vous, dans votre vie, sur une échelle de 0 à 10?

  ____
- Vos moyens de gestion de vos émotions sont-ils rentables sur le plan de l'énergie?

  ____

- Sinon, sauriez-vous quoi faire d'autre?

____

____

- Savez-vous comment vider votre disque dur? Le faites-vous à votre détriment ou au détriment de l'autre?

____

____

____

- Si vous aviez peur subitement, seriez-vous capable de crier? ______________

Le troisième principe: régler ses conflits

Vivre des conflits n'est pas une situation facile pour un intervenant social, que cela se passe dans sa vie personnelle ou dans sa vie professionnelle.

D'ordinaire, l'être humain dépense de l'énergie à éviter les conflits plutôt qu'à y faire face. Comme intervenants sociaux, nous sommes généralement en position d'arbitrer ou de contrôler les conflits des autres, et nous nous y connaissons. Mais lorsque nous sommes nous-mêmes au cœur d'un conflit, les choses sont beaucoup plus difficiles. Nous oserions même dire que les intervenants sociaux ont beaucoup de mal à se trouver en situation de conflit personnel.

Nous avons déjà vu que l'intervenant social appartient à une profession marquée par les valeurs religieuses et morales traditionnelles. On s'attend de lui qu'il fasse montre d'altruisme, de bonté, de compréhension, qu'il ne porte pas de jugement sur les autres, qu'il sache gérer sa propre colère, qu'il soit prêt à être blâmé ou attaqué sans riposter. Devant l'insulte, on lui demande de «tendre l'autre joue», ou encore de penser que «le plus raisonnable doit céder».

Protection de la santé
3e principe: régler ses conflits

Comment pouvons-nous arriver à prendre clairement position dans un conflit quand nous avons l'habitude de toujours considérer le pour et le contre de chaque situation et de chercher à comprendre les motifs à l'origine du comportement des gens, quels que soient leurs actes? Il nous est presque impossible de juger et de condamner alors que dans un conflit personnel nous devons trancher et prendre fermement position.

Une autre raison pour laquelle l'intervenant social éprouve de la difficulté à vivre une situation de conflit vient de ce que la colère est mal vue dans sa profession. Avez-vous déjà été témoin de vraies colères chez vos collègues au travail? Il y a fort à parier que non! Les choses se passent généralement en catimini derrière une porte close et devant des alliés plutôt que devant la personne qui a suscité la colère. Et le conflit, quant à lui, est rarement ouvert; il est souvent larvé, presque nié. Après tout, n'avons-nous pas le mandat social de régler les conflits des autres? Comment alors pouvons-nous nous permettre d'avoir ouvertement des conflits? Dans votre milieu, comment sont considérés ceux qui, exceptionnellement, osent montrer ouvertement leurs conflits?

Ne pas se permettre de vivre, d'exprimer et de régler ses conflits est, selon nous, un comportement qui exige une dépense énorme d'énergie. Un jour, un groupe de femmes nous a demandé de «bâtir un cours sur la façon d'éviter les conflits». La plupart de ces femmes étaient des mères incapables de transiger avec leurs adolescents. À leur grande déception, nous avons commencé le cours en leur disant que le conflit est inévitable. Il est inévitable parce qu'il vient des différences individuelles. Comme il y aura toujours des différences, il y aura toujours des conflits.

Nous pouvons vivre des conflits personnels et des conflits interpersonnels, c'est-à-dire des conflits avec nous-même ou avec les autres. Les conflits avec nous-même peuvent se situer entre deux besoins, deux valeurs, deux idées, deux goûts, deux aptitudes. À titre d'exemples, disons que nous pouvons aimer vivre autant à la ville qu'à la campagne; avoir un petit budget et souffrir d'insécurité financière tout en ayant des idées de grandeur; aimer la solitude même si nous venons d'une grande famille et que nous avons comme valeur d'entretenir de bons liens familiaux; vouloir vivre notre vie alors que nous avons de jeunes enfants; désirer travailler à l'extérieur alors que la peine l'emporte sur le profit.

Dans nos relations interpersonnelles, nous pouvons avoir de la difficulté à accepter les différences individuelles des autres quant aux valeurs, aux choix, aux besoins personnels. Nous pouvons être en conflit d'intérêts devant le choix de répondre à leurs besoins ou de répondre aux nôtres, vouloir qu'ils soient heureux alors qu'ils font tout pour se créer des problèmes, attendre de la reconnaissance de leur part quand ils ne nous ont rien demandé. Bref, on peut représenter le conflit comme un va-et-vient entre deux chaises. Ce va-et-vient est extrêmement épuisant parce qu'il produit une perte d'énergie quand nous nous retrouvons assis entre deux chaises. Cela confirme l'importance de savoir gérer les conflits.

Toutes les émotions entrent en ligne de compte dans la gestion des conflits. Les gens qui vivent des conflits sont souvent envahis par un sentiment de peur qui les empêche d'y faire face ou qui les incite à les éviter. Il est parfois possible d'éviter les conflits. Mais si vous vivez avec des personnes dont le système de valeurs est très différent du vôtre, des conflits surgiront à coup sûr. La meilleure manière de les éviter, c'est de niveler les différences. Pourquoi pensez-vous que tant de personnes dépensent une somme considérable d'énergie à vouloir changer les autres? Plus une personne est importante pour nous et plus notre relation avec elle est essentielle, plus nous ferons des efforts pour changer cette personne. Les principales victimes de cette volonté de vouloir changer l'autre sont bien souvent nos conjoints, nos enfants ou... nos patrons! En fait, nous voulons abolir les différences plutôt que d'apprendre à vivre avec elles.

Les personnes aux prises avec le problème de vouloir changer les autres viennent en thérapie parce qu'elles souffrent, mais leurs propos en entrevue portent d'abord sur les conflits qu'elles vivent avec une autre personne. Elles cherchent essentiellement des moyens pour faire changer l'autre et souffrent d'en être incapables. Il s'agit là, bien sûr, d'une généralisation, mais cela se produit fréquemment. Si le système de valeurs de la personne est très différent de celui de l'autre, nous ne pouvons que voir comment elle pourrait réviser son système de valeurs ou comment elle pourrait envisager, par exemple, un changement de travail.

Par définition, notre système de valeurs est un système très ancré en nous. Toute notre vie est érigée sur ce système et les blessures profondes qui ont marqué notre vie viennent souvent du choc de deux systèmes de valeurs. Pensons aux problèmes entre conjoints relatifs à l'éducation des enfants ou à la gestion du budget familial ou aux conflits entre parents et adolescents face aux sorties, à la liberté, à l'école ou au travail. Et que dire des conflits entre les partis politiques, les pays et les ethnies ou entre patrons et employés. Pour protéger notre santé, il nous sera nécessaire de nous doter de bons mécanismes de gestion des conflits.

Les travaux de Laborit (1979), largement utilisés par le groupe SIRIM[1] dans ses réflexions sur la maladie, ont démontré sans l'ombre d'un doute le rapport entre les conflits non réglés et la maladie.

Laborit qualifie d'inhibition de l'action des attitudes telles que la soumission, la passivité, le défaitisme. Ces attitudes sont elles-mêmes provoquées par une partie du système nerveux que l'auteur a défini comme un système d'inhibition de l'action. Celui-ci est mis à contribution lorsque toutes les solutions à un problème ou à un conflit sont épuisées ou inadéquates.

Le système d'inhibition de l'action sécrète une hormone, le cortisol, qui inhibe l'action lorsqu'il est sécrété en grande quantité. Il provoque alors un état de soumission, mais il provoque aussi à long terme des déséquilibres importants dans l'organisme dont une baisse des défenses immunitaires ainsi qu'un bon nombre de problèmes de santé reliés au diabète, à l'obésité, à l'hypertension, aux problèmes gastriques et aux maladies cardio-vasculaires en général.

La réaction d'inhibition peut être le résultat d'un environnement très défavorable: mise au chômage, décès d'un conjoint, objectifs de travail inatteignables, etc. Mais toujours selon Laborit, «il s'agit toujours d'un rapport défectueux de l'individu avec son

1. SIRIM (1983), *Alors survient la maladie,* Montréal, Éditions Boréal Express, 484 p.

environnement social, familial, professionnel[2]». Dans la plupart des cas, une situation paraît sans issue, non pas à cause de l'environnement lui-même, mais à cause du conflit entre les options qu'une personne doit prendre dans cet environnement et ce qu'elle a mémorisé en termes de normes et de valeurs.

Le quatrième principe: s'entourer de gens positifs et de belles choses

La première partie du principe de Lowen, «s'entourer de gens positifs», a été abordée dans la section portant sur la triangulation. Dans ce chapitre, nous traiterons de la deuxième partie, c'est-à-dire «s'entourer de belles choses».

Nous avons déjà mentionné que certains intervenants sociaux sont mal à l'aise face à leur «aisance» financière. À cet égard, il pourrait être fort intéressant d'étudier les comportements de gestion financière en lien avec le sentiment d'être privilégié. Qui peut nier le fait que la beauté et l'aisance financière ouvrent *de facto* des portes? La beauté, heureusement ou malheureusement, confère tout naturellement un sentiment de pouvoir.

Les gens pauvres ont souvent de la difficulté à se voir beaux et à prendre soin de leur apparence. Nous ne parlons pas ici de la pauvreté financière passagère ou circonstancielle, mais bien de la pauvreté qui se transmet de génération en génération. La pauvreté véritable affecte à la longue toutes les préoccupations de beauté et d'harmonie, surtout dans notre contexte nord-américain où nous avons régulièrement sous les yeux la richesse et la beauté des autres. Les inégalités sociales sont toujours là, de plus en plus présentes, et la multitude de feuilletons télévisés américains qui nous font miroiter des images de beauté et d'aisance. Mais en quoi cela nous concerne-t-il dans notre travail? En quoi cela affecte-t-il notre santé?

Notre difficulté à assumer la beauté et l'aisance financière quand nous côtoyons régulièrement la pauvreté nous fait vivre parfois un conflit de valeurs. Parce que nous avons du mal à supporter les aspects sordides de la pauvreté financière et psychique, nous tentons quelquefois de les camoufler. Ainsi, lorsque nous faisons visiter notre ville à des étrangers, nous évitons les endroits pauvres et mal famés. Et, dans ce même ordre d'idées, nous tentons plus souvent qu'autrement d'éloigner de notre environnement le côté dégradant de la vieillesse et de la maladie.

Voyez comment se cachent les gens vieux et malades qui se sentent devenir laids. Et que dire des personnes atteintes de cancer! Souvent, lorsqu'elles sont maigres et décharnées, elles ne veulent plus voir personne. Parfois même elles s'éloignent de leurs amis et de leurs proches parents: «Je ne veux pas qu'on me voie dans cet état-là», disent-elles. Certaines familles ne veulent pas emmener de jeunes enfants dans les hôpitaux de soins prolongés pour éviter qu'ils aient peur!

2. Laborit, H. (1986), *L'inhibition de l'action,* Paris, Masson/PUM, p. 223-224.

Une cliente dont le frère, victime d'un grave accident d'automobile, était hospitalisé aux soins intensifs, perfusé et intubé nous a dit qu'elle avait versé quelques larmes quand elle était au chevet de son frère. Une infirmière lui a dit alors: «C'était sans doute un homme très fier; et il n'aimerait pas qu'on le voie dans cet état-là...» La cliente n'a jamais compris le rapport entre ses larmes et les paroles de l'infirmière, mais cela l'a fait réfléchir sur la question des apparences, de la beauté et des croyances que l'on véhicule à son sujet.

Toujours en lien avec la beauté, mais dans un tout autre ordre d'idées, bon nombre d'intervenants sociaux font preuve de «délicatesse vestimentaire» en s'habillant en fonction des clients qu'ils doivent rencontrer. Ils portent une attention particulière aux vêtements qu'ils mettent lorsqu'ils vont dans des milieux pauvres. Les raisons de ce comportement sont évidentes et incontestables. Peut-être direz-vous que chacun d'entre nous, peu importe le genre de travail qu'il exerce, doit se préoccuper de sa tenue vestimentaire, et vous aurez raison. Cependant, l'intervenant social agit ainsi pour d'autres raisons que celle de ne pas mettre en évidence son aisance financière. Au contraire même, dans certains milieux de travail, dans les cabinets d'avocats par exemple, les personnes doivent «respecter leur profession» en portant des vêtements élégants et coûteux. Nous sommes tous touchés de quelque façon que ce soit par la beauté, et cela affecte notre énergie, notre comportement et notre regard sur l'autre.

Qu'arriverait-il si une intervenante sociale, plutôt que de changer sa tenue vestimentaire, décidait d'enseigner à ses clients à se maquiller et à s'habiller à moindre coût? Il y a fort à parier que son initiative soulèverait un tollé de protestations ou de remarques acerbes du genre: «Pourquoi s'occuper de choses si futiles quand les gens peuvent à peine satisfaire leurs besoins de base?» Dans le milieu de travail, on peut observer que pour beaucoup d'intervenants, la beauté n'est pas un aspect important de la personne. Reportons-nous à la hiérarchie des besoins de Maslow et au chapitre précédent.

CHAPITRE

7

L'évolution de l'intervenant social par l'action

Lorsque nous sommes en situation de survie énergétique, tout nous paraît une corvée; nous n'envisageons même pas d'apporter du changement dans notre vie. Autrefois, les personnes âgées disaient: «Je m'économise.» Installées dans leur «train-train quotidien», il fallait s'y prendre à deux fois pour les amener à changer leurs habitudes. Est-ce ainsi qu'elles parvenaient à maintenir leur équilibre à travers les difficultés de la vie?

Quand nous sommes fatigués, nous nous sentons souvent énervés, irrités, voire angoissés à la seule vue du mot «changement». Le simple fait de se faire proposer des options de changement peut soulever chez nous des réactions quasi allergiques. Nous avons bien assez de notre tâche et de nos soucis sans devoir en plus gérer des changements. Bien des intervenants sociaux éprouvent ces sentiments devant la nécessité de s'adapter aux changements organisationnels qui leur sont imposés.

Il ne faudrait pas croire, cependant, que le fait d'être en forme nous prédispose favorablement au changement. Changer peut nous paraître une entreprise ardue et difficile quelle que soit notre condition physique. Entreprendre des changements est encore plus difficile si notre rythme de vie nous essouffle et nous laisse peu d'énergie pour nous adapter.

La plupart d'entre nous avons déjà vécu des expériences de changement plus ou moins profitables. Qui n'a jamais participé à des discussions complètement stériles sur le changement? Nous n'avons qu'à penser aux sempiternelles réunions d'équipe auxquelles certains ne participent que pour la forme. Ils se sentent dans l'obligation d'y participer, mais n'entrevoient aucune possibilité d'apporter des changements réels à des situations qu'ils jugent insatisfaisantes. Dans ces réunions, le mot «changement» est à l'honneur, mais la prise de décision se perd souvent à l'intérieur de discussions interminables et inefficaces.

Rappelons-nous aussi tous les changements que notre médecin voudrait nous voir apporter dans notre vie, mais que nous n'effectuons jamais. Tous les discours sur le changement et toutes les résolutions non tenues nous ont démotivés par rapport au changement. C'est ce qui ressort de nos échanges avec les nombreux intervenants sociaux rencontrés.

En conséquence, nous avons d'abord hésité à vous parler encore de changement, même si cet aspect de la réflexion a pour objectif de vous aider à mieux gérer votre énergie. Que pouvions-nous apporter de nouveau qui puisse vous rendre service et vous stimuler dans votre réflexion? Malgré nos appréhensions, nous ne pouvions contourner le sujet, la prévention efficace de l'épuisement tenant souvent: l'apport de changements dans notre mode de vie ou dans notre façon de percevoir notre vie. Tous les intervenants sociaux épuisés que nous avons rencontrés semblaient à la fois souhaiter et appréhender le changement. Nous accordons donc de l'importance dans notre réflexion tant au désir de changement qu'aux appréhensions face au changement.

Le mouvement permanent

Au cours de votre carrière, il vous a sans doute fallu changer d'approche, de groupe de travail, de clientèle, de patron, de lieu de travail, de bureau, d'orientation, de politique sociale, de processus et de formulaires, de feuilles de présence et de compte de dépenses, d'horaire de travail, de croyances. Vous avez dû aussi changer votre manière de voir les choses, de voir les autres. Vous avez eu à changer, à changer, et encore à changer!

Le changement est votre lot quotidien. Vous êtes un agent de changement pour les autres et vous subissez souvent vous-même le changement. Pas étonnant que le changement soit devenu, pour vous, tout simplement une corvée. La seule lecture d'un document faisant état d'une nouvelle politique, d'une formation, si intéressante soit-elle, peut être anxiogène pour vous lorsque vous êtes déjà débordé. Pourtant, on peut souhaiter le changement autant qu'on peut le redouter.

La transformation: rentabilité ou dépense inutile

Instinctivement, nous savons que la nouveauté est source d'enthousiasme. Changer un meuble de place, changer de vêtements, changer de routine, faire les choses différemment au temps des fêtes, aller déjeuner au restaurant, partir en vacances dans des lieux qui nous sont inconnus, acheter de nouveaux vêtements, renouveler notre mobilier, changer de coiffure peuvent être des situations génératrices d'énergie. Ces petits changements brisent «la routine qui tue» et engendrent du bien-être. Ils constituent un excellent tonique contre la «déprime». Nombre d'intervenants sociaux nous ont affirmé vouloir suivre une formation menant à un diplôme (certificat ou maîtrise) ou se perfectionner dans leur champ d'action pour apporter du changement et du renouveau dans leur vie professionnelle!

Par contre, d'autres changements peuvent s'avérer pénibles, en particulier s'ils nous demandent beaucoup d'effort d'adaptation. En ce sens, ces changements nous sont moins profitables. La lourdeur d'un changement peut, bien sûr, être en lien avec un moment ou des circonstances particulières de notre vie. En principe, un changement est une modification susceptible de renouveler notre énergie, de nous donner de nouveaux buts, de nouveaux moyens et de nouveaux retours. Mais dans les faits, ce n'est pas toujours le cas!

Nouvelles attitudes dans l'action

Le changement, il faut bien le dire, suscite toutes sortes de réactions et notre façon de l'aborder est liée à bien des facteurs. Certaines personnes n'aiment pas beaucoup le changement et se font même un point d'honneur de l'éviter. Elles se disent stables et, pour elles, il s'agit là d'une vertu. D'autres, par contre, sont continuellement en train d'amorcer des virages et, de ce fait, deviennent particulièrement difficiles à suivre.

Les perspectives divergent quand il est question de changement. D'aucuns croient que le fait de changer souvent d'emploi ou de résidence dénote de l'instabilité; ce commentaire, nous l'entendons souvent de la part des membres de comités de sélection de personnel. D'autres, par contre, voient le changement comme un indice de capacité d'adaptation et de polyvalence; ils trouvent leur créativité à travers le changement et celui-ci modèle leur style de vie.

Par ailleurs, il existe des changements que nous planifions nous-mêmes et d'autres qui nous sont imposés par notre entourage ou par les politiques gouvernementales. Mais que dire des changements souvent dramatiques et non prévus auxquels la vie elle-même nous contraint, comme c'est le cas à l'occasion de la maladie d'un conjoint ou d'un enfant!

Du début de la vie à la mort, nous avons à vivre inévitablement diverses situations qui demandent une bonne capacité d'adaptation. Certaines personnes y sont mieux préparées que d'autres. En effet, il y a des gens qui sont davantage portés à se faire confiance, alors que d'autres s'invalident d'emblée en pensant: «Je n'y arriverai jamais.» Évidemment de tels propos fragilisent et sapent le peu de confiance que ces personnes ont en elles. Que représente le changement pour quelqu'un? Est-ce une épreuve, une punition ou un défi à relever? Notre attitude face au changement indique clairement le degré de confiance que nous avons nous-mêmes, mais cette confiance en nous peut s'être bâtie sur des expériences de changement réussies.

L'action et la confiance en soi

Sans en avoir eu nécessairement conscience, nous avons accumulé une foule de données positives sur nous-même quand nous avons appris à marcher, à parler, à lire et à écrire. Nous avons fait cela chacun à notre rythme et à notre manière, mais nous l'avons fait. Pourtant, dès que l'on parle de changements à certaines personnes, elles se disent incapables d'en faire, et elles y croient fermement. Souvent, pourtant, ce qu'elles veulent vraiment dire, c'est qu'elles appréhendent le prix à payer pour faire des changements et elles ne disposent pas de suffisamment d'énergie ou ne sont pas assez encouragées par leur entourage pour en amorcer.

Les apprentissages que nous avons faits par le passé sont la preuve de notre capacité d'apprendre et de nous adapter à des situations nouvelles. En programmation neuro-linguistique, (P.N.L.), les réussites passées sont définies comme des ressources, faisant en cela référence à des forces que nous possédons pour faire face à de nouvelles situations. Les ressources nous permettent d'avoir confiance en nous. Elles nous sécurisent en voulant nous rappeler que nous avons déjà accompli avec succès tel ou tel type de tâche. Elles nous permettent, lorsque nous les évoquons, de transposer nos propres modèles d'apprentissage dans diverses situations. Elles sont là pour nous encourager à vivre des expériences que nous hésiterions autrement à tenter, croyant que nous ne pouvons les mener à terme de manière satisfaisante.

ACTIVITÉ DE RÉFLEXION SUR LE CHANGEMENT

- Réfléchissez à la façon dont vous réagissez aux changements. Quelle attitude adoptez-vous face aux changements:

  dans votre vie en général?

  ____

  dans votre milieu de travail?

  ____

- Avez-vous la même attitude dans les deux cas?

  ____

  Sinon, pourquoi?

  ____

- Notez ce qui vous a le plus frappé en lisant le texte sur le changement.

Le thème du changement est vaste et complexe. Changer de chemise et changer de quartier ne font assurément pas appel au même investissement d'énergie. De même que changer de partenaire, de travail, de comportement ou d'attitude face au travail sont des changements qui n'auront pas les mêmes répercussions sur notre vie. Mais, dans chacun des cas, il y a changement. D'éventuels changements peuvent nous impatienter, nous angoisser ou nous donner le sentiment d'être débordés. Si nous ne pouvons nous y soustraire, il conviendrait de mettre en œuvre différentes actions, en accord avec notre manière de réagir, pour nous les faire vivre plus facilement. Car les changements qui nous sont imposés, ceux que nous n'avions pas prévus, sont souvent difficiles à accepter et à vivre. Il nous arrive même de les classer au chapitre des épreuves. C'est souvent le cas lorsqu'une personne en état d'épuisement doit entreprendre des changements importants dans sa vie.

L'épuisement: un échec ou une épreuve

Il est des gens qui vivent leur épuisement comme un échec. Ils en ressentent de la honte et mettent beaucoup de temps à reconnaître qu'ils sont en difficulté. Durant cette période de déni, ils s'épuisent davantage et mettent tout en œuvre pour cacher leur état réel à leur entourage. Il arrive que leurs émotions, leur irritabilité et leurs sautes d'humeur leur font peur, mais ils minimisent ces signaux d'alarme.

La reconnaissance de notre état d'épuisement est certes pénible, mais elle est aussi profitable. Elle permet d'amorcer les changements d'attitude et de comportements propres au maintien de notre santé physique et mentale dans l'exercice de nos fonctions. Dans un premier temps, nous pouvons changer notre façon de voir la situation et, surtout, nous pouvons départager les différents niveaux de responsabilité. L'épuisement est une épreuve pénible à vivre, mais ce n'est pas un échec.

ACTIVITÉ DE RÉFLEXION SUR L'ÉCHEC

Réfléchissez à la façon dont vous percevez l'état d'épuisement.

- Le considérez-vous comme un échec ou comme une épreuve?

____

____

- La personne en proie à l'épuisement doit-elle assumer seule la responsabilité de son état?

____

____

Lisez lentement et attentivement les quelques lignes suivantes: «Je n'envisage pas mon état comme un échec. Je suis en difficulté énergétique et je considère cela comme une épreuve. Même si aujourd'hui cela m'est difficile, je fais la promesse formelle de ne pas porter seul(e) le poids de la responsabilité sur mes épaules.»

____

____

____

L'état d'épuisement renvoie aux notions d'échec et d'épreuve. Dans tout processus d'épuisement, que nous le voulions ou non, il y a une part de responsabilité que nous devons assumer et une autre que nous devons imputer au contexte dans lequel nous évoluons et aux partenaires avec lesquels nous œuvrons.

L'échec se rapporte aux situations sur lesquelles nous pouvons ou pouvions avoir du pouvoir, alors que l'épreuve se rattache aux situations qui échappent à notre volonté. Par exemple, si la négligence d'un voisin provoque l'incendie de notre maison, nous vivons une épreuve. Par ailleurs, si nous devons étudier pour passer un examen et que nous ne le faisions pas, nous courons le risque de vivre un échec. En matière d'épuisement, il est rare que nous soyons les seuls acteurs en cause. Il faut toujours tenir compte du contexte dans lequel il se produit. D'ailleurs, les recherches recensées par Pines, Aronson et Kafry (1982) font état de trois antécédents communs à la lassitude et à l'épuisement dans les organisations bureaucratiques. Ces trois facteurs en cause dans l'épuisement sont: la surcharge de travail, l'absence d'autonomie et le manque de récompenses[1].

Le premier changement que nous vous proposons de réaliser est de relativiser votre vision des choses et, surtout, d'éviter de vous surresponsabiliser.

L'action et l'estime de soi

Bon nombre de nos clients disent ne pas avoir confiance en eux quand ils veulent dire qu'ils n'ont pas d'estime personnelle. De fait, on peut avoir confiance en soi sans avoir d'estime de soi. Ces deux facteurs de personnalité n'entraînent pas les mêmes comportements. Et, sur le plan de la gestion de l'énergie, ils n'ont pas non plus la même portée.

Quelqu'un qui a de l'estime personnelle peut en arriver à ne plus tolérer une situation et à vouloir la changer. Mais s'il n'a pas confiance en lui, il ne pourra pas passer à l'action. Par ailleurs, une personne peut entreprendre à peu près tous les changements qui lui viennent à l'esprit, mais un manque d'estime d'elle-même la placera en position d'être exploitée. C'est donc dire que les changements ou les ajustements à faire différeront selon qu'il s'agisse d'un manque de confiance ou d'estime de soi.

En effet, la personne qui s'estime peu se laisse manipuler facilement. Elle a de la difficulté à imposer ses limites et à se faire respecter. Elle se sent toujours redevable à quelqu'un et se mettrait en quatre pour rendre service. Ses besoins lui semblent sans importance. Se sentant facilement exigeante, elle croit que ses demandes ne sont pas légitimes. Elle ne veut déranger personne et, de ce fait, elle fait très peu de demandes d'aide. Elle croit à tort que l'autonomie consiste à tout faire sans aide et, pour un peu, elle s'excuserait même de respirer. Elle se fait parfois la plus petite possible et se targue de ne pas avoir de besoins. Ce portrait, à peine caricatural, nous renseigne sur l'estime que certaines personnes peuvent avoir d'elles-mêmes.

Pensons quelques instants à ce que veut dire le mot «estime», et ce à quoi il renvoie. Ce terme est synonyme d'appréciation et de valeur. Faire estimer sa maison pour la vendre, c'est faire évaluer sa valeur marchande. Estimer une personne, c'est lui accorder de la valeur. Alors, lorsque nous voulons prévenir l'épuisement, nous devons

1. Pines, A.M., E. Aronson et D. Kafry (1990), *Le Burn out,* Montréal, Éditions du Jour, p. 93.

d'abord nous accorder une valeur, sinon nous ne pourrons faire aucun changement appréciable; nous continuerons de nous «détruire» sans penser que nous pouvons nous protéger. Au terme de son étude, Bernier (1994) constate que les intervenants sociaux épuisés qui s'en sont sortis ont tous fait le constat que leur vie avait une valeur et qu'il valait la peine de la protéger. Ils ont effectué les changements nécessaires et ont réévalué leurs priorités[2].

ACTIVITÉ DE RÉFLEXION: L'ALLÉGORIE DU PONT

Prenez le temps de faire le vide dans votre esprit et lisez le texte suivant en vous laissant guider par les images que les mots vous suggèrent.

Imaginez un pont, un très vieux pont, comme le Pont-Neuf à Paris. Ce pont a été construit il y a des siècles et des millions de personnes l'ont traversé et il tient toujours debout. Il supporte des tonnes de pierres, et des milliers de roues lui roulent dessus. Les chevaux l'ont martelé de leurs sabots, les piétons le foulent du pied, et il est là, solide, invitant, et toujours il s'offre aux passants.

D'une rive à l'autre, il assure le passage, il permet la transition et il est là, à la disposition de qui veut le traverser. Il promet de tenir au sec et fait fonction de trait d'union sans faillir à son rôle de service public. Il reste ce qu'il est, il tient sa place de pont et ne change pas malgré l'utilisation que l'on en fait. Il n'est jamais essoufflé, il respire et s'abandonne à sa vie de pont. Un point, c'est tout!

Et nous, intervenants sociaux, nous sommes là, depuis des années, et malgré tous les changements administratifs, nous sommes encore là. Nous sommes là comme ce pont, et les autres sont là aussi qui passent par nous pour traverser d'un état à un autre. Ils vont et viennent inlassablement, et nous sommes là. Nous avons notre raison d'être. Nous avons parfois besoin de nous renouveler, de refaire nos forces, de bloquer la circulation pour mieux nous reconstruire. Nous aidons les gens à passer à travers des périodes difficiles, mais nous ne pouvons les soutenir tous sans qu'ils circulent et aillent là où ils doivent aller. Nous sommes des ponts, des éléments de transition, des agents permettant des passages, mais jamais nous ne pourrons porter tout le monde sur notre dos sans risquer de nous écrouler.

Et comme le dit si bien Bruno Fortin (1996), en citant Grosch et Olsen: «Le choix de devenir psychothérapeute peut-il être un choix légitime basé sur des attentes réalistes? Pouvons-nous avouer être à la recherche de saines gratifications telles que le plaisir de donner un sens à partir de ce qui est confus, le plaisir de soulager la souffrance d'autrui en partageant ses connaissances, le plaisir de faire la promotion de valeurs qui nous tiennent à cœur telles que la maîtrise des conflits par l'expression verbale et la compréhension mutuelle[3]?» Mais nous ne serons que des ponts...

2. Bernier, D. (1994), *La crise du burn out,* Montréal, Éditions Stanké, 180 p.
3. Fortin, Bruno, *Psychologie Québec,* vol. 13, nº 5, sept. 1996, p. 30-31.

S'orienter différemment quant au cadre de travail

Parfois, la circulation est dense. Les cas sont de plus en plus lourds, les restrictions budgétaires sont contraignantes et les tâches administratives se multiplient. Bref, il y a beaucoup d'éléments contextuels qui viennent s'ajouter à une tâche déjà lourde. Cette conjoncture entraîne un phénomène assez répandu: celui de vouloir changer de cadre contextuel. Cela n'est pas étonnant, puisque nous nous sentons étrangers devant les tâches que nous sommes obligés d'exécuter. Frédérique Leseman (1988)[4] parle d'un glissement identitaire chez l'intervenant social. En effet, au départ, celui-ci s'attend à travailler plutôt au niveau du «tissu social» alors qu'il se voit de plus en plus dirigé dans l'exécution de tâches plutôt technocratiques: accueil, évaluation, gestion de listes d'attente, orientation de sa clientèle, rédaction de rapports et de statistiques. Ces diverses tâches prenant le pas sur le travail thérapeutique, nous résistons à ce changement identitaire.

Nous sommes ainsi portés à vouloir changer le cadre dans lequel nous évoluons tellement cela nous semble en contradiction avec notre mission. On nous demande d'accomplir une tâche, tandis que tout nous démontre que le contexte y est défavorable. Les intervenants sociaux s'épuisent souvent dans des réflexions de cet ordre, ou encore ils se rebellent carrément contre les lourdeurs administratives avec lesquelles ils doivent composer.

> L'intervenant social qui veut protéger sa santé doit examiner les changements possibles à l'intérieur de son milieu de travail, s'il lui est impossible de quitter le cadre imposé.

Malgré des conditions de travail qui peuvent lui sembler aberrantes, il doit développer de la souplesse, le goût du défi, le sens de l'engagement et la capacité d'établir des stratégies d'adaptation qui tiennent compte du cadre dans lequel il évolue. Pour survivre, l'intervenant social doit trouver le moyen de rester en mouvement, surtout dans les situations particulièrement contraignantes. Sans vouloir comparer la situation des intervenants sociaux à celle des prisonniers de guerre, nous pourrions citer les conclusions de Bruno Bettelheim (1972) concernant les conditions de survie des prisonniers dans les camps de concentration où, selon lui, la survie dépend souvent de la capacité de l'individu de conserver une certaine initiative, de demeurer maître de quelques aspects importants de sa vie, en dépit d'un environnement écrasant[5]... Bettelheim soutient que face à une pression extrême, il faut s'assurer une zone de liberté de pensée et d'action, si minime soit-elle. Ainsi, l'intervenant social engagé dans une organisation bureaucratique contraignante doit pouvoir trouver des zones d'autonomie personnelle pour pouvoir résister à la pression.

Les changements dont nous avons parlé précédemment peuvent être d'énormes dévoreurs d'énergie. Cependant, en adoptant une attitude souple pour les accomplir, nous risquons moins la démotivation et la démobilisation qu'entraînent les critiques inutiles.

4. Leseman, Frédéric (1988), «Le Rapport Rochon et le social: une interprétation», *Intervention,* nº 80, p. 73.
5. Bettelheim, Bruno (1972), *Le cœur conscient,* Éditions Laffont, Collection Pluriel, Paris, p. 201.

Il est effectivement difficile de travailler au sein de structures cloisonnées, rigides, où règne une certaine confusion dans la définition des rôles et des priorités, où nous sommes exposés à la critique de collègues qui ne comprennent pas ou n'acceptent pas nos orientations théoriques, où les patrons ne comprennent pas nos fatigues normales devant des clientèles de plus en plus exigeantes.

Quels changements faut-il donc apporter pour se protéger et garder le feu sacré, pour garder une part d'autonomie dans nos actions et pour rester en accord avec nos choix sans vouloir tout balancer par-dessus bord? Dans un tel contexte, comment allons-nous orienter notre énergie?

La direction de l'énergie

Nous dépensons beaucoup d'énergie à vouloir changer le monde, et nous sommes pris de panique devant les changements d'attitude à faire à l'égard de notre santé. Pour quelques instants, voyons les choses différemment. Vous êtes intervenant social, vous avez des gens à rencontrer, vous avez un travail à faire. Il y a fort à parier que vous continuerez à faire ce travail, puisqu'il correspond à vos valeurs, à vos choix de vie et à votre profil personnel. Cependant, vous devrez le faire en ayant le souci d'économiser votre énergie, en changeant l'ordre de vos valeurs sur votre échelle personnelle.

Vous pouvez aussi amorcer un changement de carrière. L'arrêt de travail pour cause de maladie peut constituer le point de départ d'une réorientation. La fermeture d'un service peut aussi servir d'occasion pour effectuer un virage. Vous pouvez aussi faire

Les dettes empêchent d'avoir des ailes

le choix de quitter un cadre de travail trop contraignant lorsque celui-ci menace votre équilibre et votre santé. Quoi qu'il en soit, et quel que soit le virage que vous puissiez ou vouliez faire, il comportera toujours des risques et vous devrez vous rabattre sur la confiance en vos ressources personnelles et sociales pour l'affronter.

Le changement et l'argent

Des gens nous disent: «Si j'avais de l'argent, je saurais bien quoi faire.» D'autres ajoutent: «Je ne veux pas en arriver à ne travailler que pour l'argent.» Ces réflexions nous mènent à penser qu'il serait bon, et même nécessaire d'apprendre à nous garder une certaine marge de manœuvre en ce qui a trait aux questions financières. Il est vrai que nous sommes sollicités de toutes parts par les attraits de la consommation et la vie coûte cher. Mais il importe de revoir notre mode de consommation et de gestion financière si nous voulons préserver notre énergie. Beaucoup de personnes épuisées nous parlent d'argent; c'est pourquoi nous avons cru bon d'aborder ce sujet.

L'argent n'est pas une fin pour l'intervenant social et celui-ci n'a généralement pas choisi d'exercer sa profession pour faire de l'argent. L'argent lui permet de gagner sa vie et parfois aussi de la lui rendre un peu plus agréable. Même si l'argent n'occupe pas la première place dans sa hiérarchie des valeurs, il peut quelquefois être situé trop bas. Dans ce cas, l'intervenant social se soucie peu d'économiser et de faire fructifier son avoir. Il se contente souvent de vivre avec ce qu'il gagne ou même de vivre au-dessus de ses moyens. Cela entraîne des comportements de gestion qui fragilisent la sécurité financière. Lorsque nous sommes à la merci de l'argent, nous avons peur d'effectuer tout changement dans notre vie, car «nous n'en avons pas les moyens». La liberté de mouvement et, parfois même, la santé physique ou mentale peuvent être affectées positivement ou négativement par la question financière. Cela vaut la peine d'y penser!

Le phénomène de la table rase

Les personnes en proie à l'épuisement ont souvent la fantaisie de faire table rase de toute leur situation. Plusieurs veulent prendre des virages assez spectaculaires. Par exemple, certaines rêvent de s'acheter une ferme et de cultiver la terre, tandis que d'autres veulent partir à l'aventure en voilier ou à pied avec leur tente sur le dos. Ces personnes accusent un ras-le-bol assez évident se traduisant par un revirement complet de leur système de valeurs. Elles passent radicalement de l'altruisme à l'égocentrisme. «J'ai assez donné», nous disent-elles.

Si les personnes épuisées ou en voie de l'être pouvaient s'écouter, elles feraient souvent table rase de toutes leurs relations et de leur passé et elles entreprendraient une vie nouvelle. Certaines personnes nous ont dit: «Si je le pouvais, je vendrais tout et je partirais, je suis écœurée.» En réalité, elles sont excédées par les changements à faire qu'elles ne font pas. Malgré leur fantaisie, elles sont souvent incapables de procéder aux changements qui leur seraient salutaires.

Ces personnes se sentent souvent prisonnières et coincées par leurs valeurs, leurs principes et leurs engagements. Leurs craintes, leur fatigue et le bilan négatif qu'elles font de leur vie vient alourdir le tableau et leur enlève très souvent la capacité de passer à l'action ou de réfléchir aux changements possibles et bienfaisants pour eux. Ces personnes ont besoin d'aide. Il est nécessaire de les amener à clarifier leur réflexe de «faire table rase», car il s'agit parfois d'une manifestation de la dépression. De plus, ces rêveries d'évasion, si elles font du bien momentanément, ne mènent nulle part. Les intervenants sociaux ont bâti toute leur vie sur une échelle de valeurs humanistes et il n'est peut-être pas très réaliste pour eux de vouloir faire table rase de leurs valeurs fondamentales.

En comparant deux groupes de professionnels épuisés ayant résolu positivement la crise du *burn out,* Diane Bernier (1994)[6] observe que dans les deux groupes, des intervenants psychosociaux et des professionnels de formations diverses, tous les individus avaient changé l'ordre *des valeurs directrices de leur vie.* Dans le premier groupe, les intervenants psychosociaux sont passés des valeurs humanistes à des valeurs plus matérialistes et à une valorisation de l'attention à soi, tandis qu'on a observé l'inverse chez les professionnels du deuxième groupe. Ceux-ci ont manifesté un nouvel intérêt pour autrui se traduisant par la valorisation du partage, de l'écoute, du respect et de l'aide. Ils ont repoussé au second plan l'ambition et le désir de réussite sociale qui les animaient jusque-là. Nous avons là une piste à explorer en matière de prévention de l'épuisement.

Sans rejeter nos valeurs, il conviendrait d'abord de mieux les connaître et de les ordonner selon une échelle plus adaptée à notre situation de vie actuelle. Lorsque nous refusons une promotion parce que nous voulons accorder plus d'importance à notre engagement familial, lorsque nous choisissons de travailler à temps partiel parce que nous privilégions la liberté, lorsque nous changeons d'attitude dans nos interventions et que nous passons de la position de «sauveur» à la position de «solidaire», nous changeons l'ordre de nos valeurs. Même si nous savons cela et que nous connaissons ce discours, nous avons souvent du mal à faire les changements nécessaires pour vivre une vie plus conforme à nos besoins et pour préserver notre énergie.

ACTIVITÉ SUR LES VALEURS

- Faites une liste des cinq principales valeurs qui ont jusqu'ici orienté votre vie professionnelle.

______________________ ______________________

______________________ ______________________

____

6. Bernier, D. (1994), *La crise du burn out,* Montréal, Éditions Stanké, 180 p.

- Ordonnez-les selon la place qu'elles ont réellement occupée dans vos attitudes et dans vos interventions.

- Maintenant, ordonnez-les en fonction de votre objectif d'éviter le surmenage ou de recouvrir votre énergie.

- Choisissez un de vos clients auprès de qui vous allez employer votre nouvelle hiérarchie de valeurs.

- Revoyez votre plan d'intervention en fonction de cette hiérarchie des valeurs.

- Notez vos réactions.

- Avez-vous des objections majeures? Si oui, lesquelles?

- Quelles sont vos conclusions personnelles sur le changement de valeurs dans votre vie?

CHAPITRE

8

L'intervenant social et l'équipe

Les répercussions du changement dans l'équipe

Dans le chapitre précédent, nous avons traité de la question des changements possibles et même nécessaires à l'intérieur du cadre de travail. Ces changements, si minimes soient-ils, risquent d'avoir des répercussions sur vos collègues. Vos clients remarqueront sûrement les changements survenus dans votre attitude ou votre façon de travailler et y réagiront plus ou moins positivement, mais leur passage dans votre vie n'est généralement que transitoire. Vos collègues ou vos supérieurs hiérarchiques pourront eux aussi constater des changements avec plus ou moins de plaisir en fonction de leurs intérêts et de leur position dans l'équipe. Dans leur cas, les enjeux seront plus importants, car vos relations avec eux s'établissent sur des bases différentes.

De fait, les rapports sont plus soutenus avec nos collègues qu'avec nos clients et nos tâches nous conduisent souvent à travailler ensemble sur des dossiers communs. De plus, nos collègues ont l'habitude de nous voir sous un certain angle et les changements dans notre attitude et notre comportement peuvent parfois les surprendre et même les dérouter. Si nous sommes reconnus pour notre bonne humeur, notre dynamisme ou notre disponibilité à rendre service et que nous changions cela, notre nouvelle attitude pourrait engendrer toute une gamme de réactions chez nos collègues. Si nous avions l'habitude de toujours dire oui et que nous commençons à dire non, nous pouvons perdre leur estime et peut-être leur appui.

Quand nous introduisons des changements dans notre comportement en vue de protéger notre santé, nous devons accepter que soit différente l'image que nous projetons dans l'équipe. Ces changements peuvent aussi affecter l'image que les membres de notre famille perçoivent de nous. La personne serviable et dévouée peut prendre ses distances. Celle qui n'exprime pas ses opinions pour éviter les conflits familiaux peut se hasarder à les émettre. Celle qui n'ose pas vivre sa vie par peur du rejet familial va peut-être commencer à s'affranchir. Nos collègues tout comme nos familles réagiront très probablement à ces changements d'attitude et même s'en inquiéteront parfois ou pourront tenter de nous ramener à nos comportements antérieurs.

En fait, nos changements de comportement risquent de mettre en branle le réflexe d'homéostasie. Cette propriété caractéristique de tout système ouvert (être vivant ou organisation) lui permet de maintenir un équilibre prédéterminé constant ou, selon le cas, de rétablir sa dynamique interne qui serait modifiée par l'environnement ou le contexte. Une équipe de travail de même qu'une famille sont des systèmes, et tout changement de position chez l'un des membres d'un système forcera les autres membres à rétablir leur position, parce que l'introduction d'un changement crée un déséquilibre dans le groupe.

Si vous amorcez des changements dans votre travail, vous pourrez vous heurter à des résistances de la part de vos collègues, et même indisposer votre supérieur hiérarchique. Vos collègues seront peut-être en mesure de comprendre rationnellement vos positions, mais ils trouveront cela difficile sur le plan des émotions. Ils devront modifier leurs attentes à votre égard, s'habituer à certains changements d'attitude de votre part, mais surtout vos changements les interpelleront probablement.

Par exemple, l'intervenant social qui déciderait de ne plus accepter de nouveaux dossiers lors de réunions d'attribution de dossiers va directement affecter l'équilibre de son équipe. Il suscitera des réactions qui ne seront pas forcément complaisantes. Il pourra s'entendre dire: «Pour qui se prend-il?», «Tout le monde le fait, pourquoi pas lui?» Par ailleurs, il se peut que ce changement d'attitude fasse réfléchir les autres et que des collègues lui emboîtent le pas. L'équipe devra alors modifier ses règles de fonctionnement ou devra convaincre le récalcitrant de rentrer dans les rangs en exerçant sur lui toutes sortes de pressions.

Les rôles dans l'équipe

Résister au changement de comportement dans une équipe est intimement lié à la notion de rôle. En effet, nos comportements au sein d'une équipe sont relatifs au rôle que nous y assumons. Nous pouvons comparer une équipe de travail à une famille; elle possède une histoire, une dynamique, des rôles et des règles qui lui sont propres. Les rôles à l'intérieur d'une équipe peuvent avoir été adoptés spontanément et plus ou moins consciemment par certains intervenants, tout comme ils peuvent avoir été attribués ou imposés par le groupe.

Cette répartition des rôles est déterminée par l'importance relative du pouvoir d'influence personnelle de chacun des membres de l'équipe. Le caractère, l'autorité naturelle, l'expérience, mais aussi l'histoire familiale des intervenants entreront en ligne de compte. La deuxième source d'influence dans la répartition des rôles peut provenir de la dynamique personnelle du ou des supérieurs hiérarchiques. En effet, comment ceux-ci répartissent-ils le pouvoir dans l'équipe? Le supérieur hiérarchique de même que la direction générale font figure d'autorité parentale et leur influence est souvent déterminante dans l'attribution des rôles.

Les intervenants sociaux expérimentés, sûrs d'eux et de leurs compétences, ceux qui ont une forte personnalité seront plus à même d'adopter des rôles de mentor, de spé-

**L'homéostasie, ou
la résistance au changement de rôle au sein de l'équipe**

cialiste, d'expert, de chef ou de contrôleur. Les intervenants plus jeunes ou plus réservés ou qui reçoivent moins d'appui de la part de la direction pourront adopter ou se voir imposer les rôles moins dominants d'apprenti, de personne serviable, de bouc émissaire, d'émotif ou de souffre-douleur. Évidemment, il s'agit là d'exemples qui peuvent tenir de la caricature.

ACTIVITÉ DE RÉFLEXION SUR LES RÔLES DANS L'ÉQUIPE

- Passez en revue tous les membres de votre équipe et, pour chacun d'eux, trouvez un rôle ou un personnage qui pourrait le caractériser.

____
____
____

- Identifiez votre rôle ou votre personnage au sein de l'équipe.

____
____
____

- Comment en êtes-vous arrivé à tenir ce rôle?

____
____
____

- Ce rôle vous convient-il?

____

____

____

- Quels sont vos attitudes et vos comportements en lien avec ce rôle?

____

____

____

Les règles dans l'équipe

Qui dit rôles dans une famille ou un groupe dit forcément règles dans le groupe. En effet, nos attitudes et nos comportements découlent pour une large part de nos rôles, tandis que les règles établissent les rapports entre les membres. Il peut y avoir plusieurs règles et celles-ci peuvent être plus ou moins explicites. Certaines sont banales et sans conséquences particulières, d'autres sont plus importantes et confèrent à l'équipe sa dynamique particulière. Certaines règles peuvent nous éclairer sur le bon ou le mauvais fonctionnement des équipes.

D'origines variées et complexes, les règles dans l'équipe peuvent être imposées par le style de gestion du cadre hiérarchique ou de la direction générale ou être fixées par les intervenants sociaux eux-mêmes. Elles évoluent aussi avec le temps et peuvent refléter la profession elle-même ou l'histoire de l'établissement dont l'équipe fait partie.

Par exemple, il arrive souvent que des équipes composées principalement d'intervenants sociaux se donnent comme règle d'éviter les conflits. Cela vient du fait que leur travail les amène généralement à adopter le rôle de médiateur à l'intérieur des conflits familiaux et à voir les choses sous plusieurs angles. Ils s'autorisent rarement à prendre fermement position dans un conflit. Peut-être ne développent-ils pas ainsi suffisamment l'habitude de prendre et de défendre une position ou d'exposer un conflit surtout quand il s'agit de leur propre situation. Ainsi, la règle d'évitement du conflit peut engendrer les comportements suivants:

1. Minimiser le conflit.
2. Minimiser les répercussions émotives des conflits.
3. Attendre que les choses se règlent d'elles-mêmes.
4. Parler du conflit en catimini.
5. Taire le conflit de crainte de mettre des personnes directement en cause ou de susciter des réactions trop vives.

6. Amener les membres de l'équipe à «punir» plus ou moins ouvertement la personne qui aura eu l'audace d'aborder le sujet conflictuel en lui assignant l'étiquette de «fauteur de trouble», comme si le fait de nommer le conflit ouvertement entraînait une responsabilité par rapport au conflit lui-même.

La règle du silence est également assez répandue dans plusieurs milieux. Une foule de choses peut en faire l'objet; ce sont, entre autres situations, les conflits qu'on ne veut pas mettre au jour ou les erreurs ou les inconduites de collègues qu'on cherche à camoufler. Dans cette forme de règle, la cohésion du groupe ou l'image de la profession passent avant tout. La règle du silence est susceptible aussi de s'appliquer à l'argent, aux besoins de reconnaissance par les pairs ou par le supérieur hiérarchique.

D'autres règles ont trait au zèle dans le travail. Dans certains milieux, on voit d'un mauvais œil la personne qui travaille avec trop de zèle, trop rapidement ou trop efficacement et qui accepte trop de dossiers. Agir ainsi, c'est risquer le rejet de l'équipe, car cette attitude peut susciter des comparaisons quant au rendement, augmentant ainsi la pression sur l'ensemble de l'équipe. À l'opposé, dans d'autres milieux il est de règle de se plaindre de la charge de travail.

Certaines règles tendent surtout à contrôler les émotions telles la colère, l'agressivité, même la tristesse et parfois même la joie. Cela peut sembler paradoxal dans une profession qui a souvent pour fonction d'aider les clients à exprimer leurs émotions et à les canaliser. En situation d'intervention, l'intervenant social suscite ou encadre l'expression des émotions chez les autres, mais il ne se permet pas d'exprimer les siennes.

Garder pour soi ses émotions empêche bien souvent la mise au jour des conflits ainsi que leur résolution. Par ailleurs, des rôles très définis et impliquant un fort clivage dans la répartition du pouvoir ainsi que des règles contrôlantes peuvent conduire au dysfonctionnement des équipes.

Les équipes dysfonctionnelles et les équipes fonctionnelles

Nous savons tous que les familles aux prises avec des dificultés sont généralement fermées à tout ce qui vient de l'extérieur. La plupart des règles dont elles se sont dotées ont pour objectifs de bloquer l'expression, de protéger les secrets, de réprimer la contestation, les désaccords ou les conflits ouverts. Ces familles veulent avant tout projeter l'image d'une famille où l'on maîtrise les situations et où règne l'harmonie. Les membres de ces familles ont si peu d'expérience dans la gestion de leurs émotions et de leurs conflits qu'ils craignent une explosion dévastatrice s'ils abordent ouvertement leurs problèmes. La peur fait partie de leur quotidien.

Les équipes qui fonctionnent mal, tout comme les familles dans la même situation, adoptent des comportements de contrôle. Dans les discussions informelles autant que dans les discussions formelles, le niveau des émotions est élevé même si cela n'est pas dit clairement. La moindre allusion, la moindre remarque risque de déclencher de fortes réactions. Les discussions de corridor vont bon train et le comportement de l'un ou de l'autre est scruté à la loupe, commenté et critiqué. Les «espions» sont à l'affût, et une grande part des critiques ont tôt fait d'être rapportées à la direction, dans les établissements où cette pratique a cours. L'équipe, tout comme la famille, est divisée en clans opposés ou rivaux ayant chacun leur chef. D'un côté, nous retrouvons souvent les contestataires et de l'autre, ceux qui appuient la direction. Finalement, nous pouvons voir ceux qui se situent en marge. Il existe souvent un autre clan entre les deux, constitué des membres qui ne prennent pas part volontairement aux discussions ou qui sont mis à l'écart par les autres, par manque de confiance.

Dans les équipes dysfonctionnelles, on consacre beaucoup d'énergie à la rumination et à l'entretien des conflits. Les efforts des gestionnaires pour mettre au jour et résoudre les conflits se heurtent à une fin de non-recevoir de la part de plusieurs membres de l'équipe. La peur du changement, les gains associés au leadership dans les sous-groupes, le manque de confiance envers les supérieurs hiérarchiques et dans la possibilité d'un changement réel contribuent à maintenir l'homéostasie, pour ne pas dire l'immobilisme du groupe.

À l'inverse, les équipes fonctionnelles adoptent des règles favorisant l'ouverture et l'expression. Elles sont en mesure de canaliser l'expression des émotions et des conflits au profit du groupe. Elles s'ajustent à la réalité et adoptent des stratégies de résolution de problèmes qui ne s'appuient pas simplement sur une démarche logique, mais qui tiennent compte de l'aspect émotionnel des problèmes. Les équipes fonctionnelles font montre d'efficacité tant dans leur gestion interne que dans leurs activités au travail.

ACTIVITÉ DE RÉFLEXION SUR LES RÈGLES AU SEIN DE L'ÉQUIPE ET LE FONCTIONNEMENT DE L'ÉQUIPE

À partir de ce que vous venez de lire au sujet des règles dans l'équipe, réfléchissez sur votre propre équipe:

- Décrivez les règles présentes dans votre équipe.

____
____
____
____
____

- Interrogez certains de vos collègues sur ce qu'ils pensent des règles qui ont cours au sein de votre équipe.

____
____
____
____

- Ces règles entraînent-elles des comportements particuliers chez les membres de votre équipe?

____

____

____

- Qualifieriez-vous votre équipe de fonctionnelle ou de dysfonctionnelle? Situez-la sur une échelle de 1 à 10.

Fonctionnelle Dysfonctionnelle

1—— 2—— 3 —— 4 —— 5 —— 6 —— 7 —— 8 —— 9 —— 10

Les équipes dysfonctionnelles et l'énergie

Les équipes dysfonctionnelles peuvent être qualifiées d'équipes énergivores à plusieurs points de vue. Pour bien comprendre cette idée, reportons-nous à la notion de retour. Comme nous l'avons déjà mentionné, nous avons tous besoin de retours en rapport avec notre investissement au travail de façon à maintenir ou à augmenter le niveau de notre compte en banque énergétique. Ces retours peuvent provenir de deux sources principales. La première est constituée des résultats tangibles produits par nos interventions et de l'appréciation de nos clients ou de nos partenaires dans la communauté. La deuxième se retrouve dans les appréciations de nos collègues et de nos supérieurs hiérarchiques.

Dans les équipes dysfonctionnelles, l'énergie du groupe est orientée vers le contrôle des conflits et des émotions, et non vers la clientèle ou la communauté. L'intervenant social engagé dans une équipe de ce genre verra sa «productivité» diminuer ainsi que celle de l'ensemble de l'équipe. Par «productivité», nous n'entendons pas seulement la quantité de travail produite, mais aussi la qualité et l'efficacité de l'intervention. En fait, l'intervenant social œuvrant au sein d'une équipe dysfonctionnelle dépensera beaucoup d'énergie à agir dans une direction l'éloignant des motifs qui l'ont poussé à s'investir en relation d'aide. Le désir d'aider les autres et de se sentir utile risque de passer au second plan. En conséquence, le retour qu'il s'attend de recevoir à la suite de son investissement professionnel risque lui aussi de passer au second plan, favorisant ainsi l'épuisement énergétique.

Une deuxième raison nous incite à qualifier les équipes dysfonctionnelles d'énergivores: favorisant la compétition, elles ne donnent pas de retours à leurs membres. Les membres affichent deux attitudes. La première est celle du «chacun pour soi». Chaque intervenant fait son travail sans jamais en parler aux autres, comme si le travail se faisait en cachette. L'implantation de modes de gestion des services professionnels comme le plan de service ne se fait pas sans difficulté, puisque les intervenants répugnent à parler de leurs interventions. Peut-être craignent-ils de donner prise au contrôle de leur supérieur hiérarchique!

Ne jamais parler de son travail permet à chacun de se prémunir contre le jugement et la critique de ses collègues et de son supérieur hiérarchique, et même contre la violence psychologique qui existe dans certaines équipes. Dans ces conditions, le silence sert à protéger les intervenants ou l'équilibre au sein de l'équipe. Cependant, il comporte un prix à payer sur le plan énergétique. Il n'offre pas la possibilité de se remettre en question, ni d'effectuer les changements rendus nécessaires, empêchant ainsi l'évaluation de l'intervention, son amélioration possible et par conséquent, la valorisation de l'intervenant. Les intervenants qui adoptent cette attitude croient conserver une plus grande autonomie dans leur travail, mais ils se privent par ailleurs de retours et de gratifications de la part de leurs supérieurs ou de leurs collègues.

La deuxième attitude, opposée à la première, souvent tenue dans les équipes énergivores est celle de «la course aux éloges». L'intervenant social qui rapporte aux autres une réussite dans son travail sera plus ou moins écouté. Il sera très souvent jugé par ses collègues pour son besoin d'attention, et bon nombre d'entre eux s'empresseront de se mettre en évidence eux aussi. Dans une équipe fonctionnant ainsi, les membres n'offrent pas spontanément de la reconnaissance ni de valorisation à leurs collègues. Au contraire, nous pouvons presque dire que tous recherchent des marques d'attention et envient leurs collègues qui en reçoivent de la part de leur supérieur hiérarchique.

La compétition pour se faire valoir peut mettre à rude épreuve la crédibilité et l'autorité du supérieur hiérarchique. La moindre critique positive ou élogieuse de sa part envers un intervenant peut être perçue comme une marque de favoritisme. Les membres de l'équipe peuvent se sentir lésés. De plus, l'intervenant considéré comme favorisé risque, à plus ou moins long terme, d'être mis à l'écart par ses pairs. Sur le plan énergétique, une telle attitude de compétition fait en sorte que l'équipe ne génère aucun retour ni aucune stimulation pour ses membres, bien au contraire.

La violence psychologique dans les équipes dysfonctionnelles et énergivores

Dans certaines équipes dysfonctionnelles, la dynamique interne de l'équipe pourra conduire à des comportements de violence psychologique qui se traduiront de diverses manières. Mais comment pouvons-nous reconnaître un comportement de violence psychologique? Nous pouvons souvent identifier les comportements de violence psychologique en observant les effets qu'ils produisent sur une personne. Ces comportements de violence viennent nier un ou des besoins psychologiques fondamentaux chez la personne qui en est victime. La personne victime de violence psychologique en vient à douter d'elle-même et de sa valeur. Elle accorde dès lors moins de valeur à son énergie et à sa santé. Elle abuse de ses forces ou laisse facilement les autres profiter d'elle. Pour illustrer notre propos, nous mentionnerons quelques exemples de violence psychologique dans les équipes et nous y retrouverons aussi bien ceux qui commettent les actes de violence que ceux qui en subissent les conséquences.

1. En premier lieu, on peut citer l'isolement. Une personne subit l'isolement quand on la tient à l'écart, qu'on ne l'informe de rien ou qu'on ne l'invite pas à participer à différentes activités ou à se joindre au groupe pour la pause ou le dîner. Son isolement est une sanction du groupe pour la punir de se comporter différemment de celui-ci ou de refuser de respecter les règles informelles ou les positions du groupe.

   Comme nous l'avons déjà souligné au sujet des besoins psychologiques, le retour qu'une personne attend est en rapport avec ses motifs d'action, mais aussi avec ses besoins psychologiques. Si nous sommes en présence d'un intervenant dont le besoin d'affiliation est particulièrement fort, il tentera par tous les moyens d'être intégré au groupe. Le prix à payer pour cette intégration est parfois élevé sur le plan énergétique. Il devra accepter de faire des compromis de fond quant à ses idées et à ses attitudes. Il acceptera peut-être de devenir l'oreille attentive de ceux qui pratiquent la triangulation, ou encore il cherchera par tous les moyens à se rendre utile. Qu'il réussisse ou non à s'intégrer, l'intervenant victime d'isolement risque de se retrouver à plus ou moins long terme en baisse énergétique.

2. Une deuxième situation de violence psychologique est celle de subir les ragots que les autres répandent sur son compte. Une personne est victime de ragots lorsqu'on la critique ou la ridiculise en cachette sur ses traits de caractère ou sa vie privée. Les intervenants sociaux qui ont souffert de problèmes de santé mentale, de dépendances diverses ou dont on doute de l'orientation sexuelle peuvent se voir subtilement sanctionnés.

   Ces situations constituent encore des tabous dans la société, mais en principe nous savons tous que le milieu des services sociaux devrait démontrer une attitude d'ouverture face à ces problèmes. Les sanctions dans le milieu de travail ne s'exercent pas ouvertement, mais plutôt de façon subtile. Un intervenant social pourra se voir offrir certains types de dossiers, tandis qu'on ne lui attribuera jamais d'autres cas. Il pourra même se voir retirer certains dossiers. Dans d'autres cas, par exemple, on tiendra compte de certaines caractéristiques personnelles lors d'un processus de sélection ou de nomination pour une promotion. Tous ces jugements et sanctions subtiles seront gardés sous silence.

   Dans ces situations, c'est le besoin d'affection qui est mis en cause, et peut-être aussi le besoin d'affiliation. L'intervenant n'est pas considéré comme les autres. Il ne se sent pas accepté ni apprécié tel qu'il est. Il est souvent porteur d'une étiquette qui va teinter ses rapports avec les autres. Contrairement à l'intervenant qu'on isole, celui-ci ne peut modifier ni ses attitudes ni sa situation pour se conformer aux règles du groupe. Si ses besoins d'affection et d'affiliation sont très forts, il pourra tenter lui aussi de se faire accepter en redoublant de zèle, de gentillesse, de serviabilité, au risque de déployer inutilement de l'énergie.

3. Une troisième situation de violence psychologique peut se manifester autour de celui qui est incapable de refuser. Ce comportement de «victime» peut provenir d'un manque de confiance ou d'estime de soi ou encore du besoin de se faire

accepter à tout prix. Il est facile de profiter de cet intervenant en lui refilant les tâches que les autres ne veulent pas. On se sert souvent de lui pour dépanner dans les situations d'urgence. Il ne refuse aucun dossier lors des réunions de distribution de cas et s'il fait mine de refuser, il est très facile d'exercer des pressions sur lui et de le culpabiliser. Il se retrouve souvent à faire les tâches auxquelles les autres se dérobent et paie lourdement sur le plan de l'énergie son incapacité de faire connaître ses limites.

Les besoins d'affection et d'affiliation sont souvent à la base de ces comportements. Mais, paradoxalement, ceux qui ne savent pas dire non retirent rarement de leur comportement les retours qu'ils en attendent en matière de respect et d'appréciation de la part de leurs pairs ou de leurs supérieurs. Un adage populaire dit: «Nous sommes traités par les autres de la façon dont nous nous traitons nous-mêmes.»

4. S'il y a des victimes d'abus énergétiques, il y a aussi des membres de l'équipe qui peuvent être qualifiés de profiteurs. Des intervenants ou des supérieurs hiérarchiques peuvent demander occasionnellement à ceux qui ne savent pas dire non de les dépanner; cela peut passer. Mais il y en d'autres qui érigent ce comportement en mode de fonctionnement. Le profiteur sait toujours s'esquiver sans se faire remarquer. Il n'est pas là à la distribution des tâches et se plaint toujours d'être débordé. Parfois, il maintient ses dossiers ouverts plus longtemps que nécessaire de façon à ne pas en recevoir de nouveaux. Il lui arrive aussi de remettre la prise de contact avec de nouveaux clients au lendemain... jour où il n'est pas de garde! C'est encore lui qui passe souvent des dossiers difficiles aux organismes communautaires en prétextant qu'ils ont une meilleure expertise et une approche axée sur la communauté.

Enfin, c'est rarement le profiteur qui décide de mettre les problèmes de travail sur la table et qui amorce la recherche de solution. En fait, il gère son stress et sa charge de travail en utilisant les autres. Il veut «sauver sa peau» individuellement et non en solidarité avec son équipe. Le profiteur est habile et rusé; il abuse de tout le monde et suscite l'agressivité de ses collègues sans jamais donner prise au blâme. Les autres se sentent impuissants à son égard et lui abandonnent tôt ou tard le pouvoir.

Nous retrouvons aussi une forme secondaire et moins fréquente de profiteur chez celui qui tombe malade chaque fois qu'il est contrarié, qu'on le confronte à une situation ou qu'il est soumis aux pressions de ses collègues ou de son supérieur hiérarchique. La correspondance entre sa «maladie» et les pressions du milieu est si étroite qu'elle vient mettre en doute la réalité de sa maladie dans l'esprit des autres membres de l'équipe. Celui qui agit de la sorte peut avoir des problèmes personnels réels. Cependant, il alourdit lui aussi la tâche de ses collègues, les absences pour cause de maladie n'étant presque jamais comblées. Il est difficile pour les autres membres de l'équipe d'exprimer leur colère à l'égard du profiteur parce qu'ils n'ont pas la certitude qu'il y a abus de sa part. Ils sentent néanmoins qu'on abuse d'eux!

5. Comme dernier comportement de violence, signalons celui de l'intervenant toujours prêt à «se mettre la tête sur la bûche». Poussé par un fort besoin d'attention, il reçoit les critiques et les insatisfactions de chacun. C'est lui qui est le porte-parole et qui tente d'organiser contestation ou réformes. Dans les équipes dysfonctionnelles, il se retrouve seul à protester, les autres l'ayant laissé tomber. C'est souvent sur lui que les autres vont laisser retomber les conséquences de leur propre incapacité à prendre ou à maintenir leur position. Il devient donc facilement le bouc émissaire. S'il ne trouve pas une autre façon de répondre à son besoin d'attention, cet intervenant risque à plus ou moins brève échéance de perdre son énergie et sa motivation à s'engager dans l'équipe et dans son travail.

Ces exemples types de situations de violence psychologique peuvent se produire dans des équipes de travail. Ils viennent mettre en lumière le caractère dynamique des abus et l'importance de la connaissance des besoins psychologiques dans la compréhension des causes et des conséquences des abus psychologiques sur le plan de l'énergie.

ACTIVITÉ DE RÉFLEXION SUR LA VIOLENCE PSYCHOLOGIQUE DANS LES ÉQUIPES

- Les exemples de violence psychologique vus dans la section précédente correspondent-ils à une réalité pour vous? Pourriez-vous en apporter d'autres?

____

____

____

- Quelles réactions ces exemples suscitent-ils chez vous?

____

____

____

- Avez-vous déjà été témoin ou victime de tels comportements? Si oui, comment avez-vous réagi?

____

____

____

- Quelles sont les autres réactions que vous auriez pu choisir dans ces situations?

____

____

____

Les stratégies de protection personnelle dans les équipes dysfonctionnelles

Ces exemples de violence psychologique viennent mettre en lumière la nécessité de savoir se protéger dans notre milieu de travail. Nous n'avons pas appris à réagir ainsi. Bien au contraire, notre formation de base et nos inclinations personnelles nous ont enseigné à faire confiance et à coopérer. Nous avons tous eu, en début de carrière, une image idéale de l'équipe et nous avons spontanément adopté des réflexes d'ouverture à l'égard des autres. Ce n'est qu'avec les années et les expériences malheureuses dans certains milieux de travail que nous avons commencé à nous méfier des autres et à nous renfermer en nous-même.

Les réactions personnelles à la violence psychologique dans les équipes dysfonctionnelles sont de trois ordres: la réaction combative de celui qui veut changer l'équipe et ses règles, la réaction passive de celui qui subit la violence et la réaction de fuite de celui qui trouve des stratégies pour éviter la pression. Évidemment, en théorie et selon les valeurs mêmes de la profession, la position de l'intervenant social devrait être celle de la lutte. Mais en réalité, combien d'intervenants sociaux se sont brûlé les ailes à vouloir changer des situations problématiques, souvent sans concertation auprès des collègues? Quelle somme d'énergie ces intervenants ont-ils dépensée sans succès? Pour survivre et se développer sur le plan professionnel dans une équipe dysfonctionnelle, il est préférable d'user de stratégies et de développer des attitudes de vigilance.

La vigilance dans les équipes dysfonctionnelles

Nous croyons qu'il est possible d'évoluer dans des équipes dysfonctionnelles, même si nous ne pouvons les transformer. Notre participation dans l'équipe doit être empreinte de vigilance. La première étape de l'apprentissage de la vigilance consiste à prendre du recul par rapport à son équipe de travail et à dresser la liste des rôles et des règles qui y ont cours. Il s'agit en quelque sorte de repérer la position de chaque membre de l'équipe sur l'échiquier.

La deuxième étape consiste à réfléchir aux positions stratégiques que chacun adopte en situation de stress. Qui dans l'équipe est prêt à se battre pour changer des choses? Qui est prêt à subir ou à fuir?

La troisième étape concerne le pouvoir d'influence de chacun. La grille du JE / TU / CONTEXTE est ici fort utile pour lire les comportements individuels, mais aussi pour déterminer les positions de chacun au sein de l'équipe. Elle permet de dégager les zones de pouvoir de chacun, y compris de soi-même, et d'analyser objectivement ce qu'il est possible de changer à l'intérieur de l'équipe. La stratégie de vigilance pourra nous empêcher d'entreprendre des changements risqués ou même impossibles, ce qui nous fera économiser beaucoup d'énergie.

Bien connaître le fonctionnement dynamique de l'équipe permet, lors de nos interventions pour modifier le fonctionnement de celle-ci, d'évaluer nos alliés possibles dans l'action. Qui dans l'équipe peut appuyer nos positions, nous soutenir? Quels sont leurs intérêts? De là, la nécessité d'établir des alliances stratégiques si nous évoluons dans une équipe dysfonctionnelle. C'est parfois la meilleure façon de se soutenir mutuellement et de se protéger. Si cela est impossible la fuite vaut mieux que la soumission passive à la violence psychologique.

La vigilance vient automatiquement remettre en cause la transparence de soi. La valeur de la transparence dans les relations interpersonnelles a été fort populaire dans certains courants psychologiques des années 70. Plusieurs ont voulu en faire un principe de communication applicable dans toutes les situations de la vie. Toutefois, nous croyons qu'il est préférable de bien évaluer les situations où nous pouvons nous montrer tels que nous sommes, avec nos émotions et nos limites, et les moments où il faut éviter de le faire.

Faire preuve de transparence dans une équipe de travail dysfonctionnelle peut être une attitude risquée, car elle ouvre la porte à bien des abus. La transparence peut se vivre avec certains collègues ou supérieurs hiérarchiques, mais pas avec d'autres.

Se montrer vigilant peut donc nous éviter bien des déceptions et des pertes d'énergie, et nous mettre à l'abri de la violence psychologique.

La stratégie du cloisonnement et de la distanciation

Les stratégies de protection comme la vigilance, la distanciation ou le cloisonnement ne s'appliquent pas spontanément. Ces stratégies demandent de la prudence et de l'analyse. Lorsque nous les adoptons, nous devons refréner nos impulsions et les prises de décision rapides. Ce sont des stratégies qui comportent souvent un retrait stratégique et parfois même la fuite. Le retrait et la fuite sont des comportements souvent empreints d'une connotation négative. Dans bien des situations, il peut s'agir des seuls comportements qui soient réalistes, parce que le manque de pouvoir personnel et d'alliances stratégiques nous place en position de faiblesse dans l'équipe.

Une réflexion sur votre équipe de travail peut vous amener à penser qu'il y a des actions à entreprendre pour améliorer la situation. Mais dans les conditions présentes vous pouvez aussi constater qu'il n'y a rien qui puisse changer quoi que ce soit. Les changements à réaliser sont peut-être trop nombreux ou trop profonds, ou vous avez trop peu d'alliés, ou encore votre position de pouvoir est trop précaire dans l'équipe. Il vous faudra peut-être faire le deuil, au moins temporairement, de l'équipe idéale ou de l'équipe que vous auriez souhaité avoir.

Vous pourrez alors choisir de vous distancier par rapport à votre équipe et de vous investir à fond auprès de votre clientèle ou de votre famille en minimisant votre investissement énergétique dans votre équipe de travail. Ce retrait peut se traduire par la décision d'être moins souvent présent au bureau ou à la pause café et de faire plus d'entrevues à domicile. Vous pourrez faire votre travail de bureau en dehors des heures d'affluence. Vous ne participerez qu'aux réunions indispensables sans trop vous engager sur les plans des émotions et des tâches. Vous vous investirez davantage auprès des membres de votre famille, de vos amis ou dans vos loisirs. Il s'agit à la fois d'une stratégie de distanciation et d'une stratégie de cloisonnement entre votre vie d'équipe, votre travail sur le terrain et votre vie sociale et familiale.

Appliquer la stratégie de la distanciation dans une équipe dysfonctionnelle peut parfois s'avérer un exercice difficile. En vertu du principe de l'homéostasie, notre besoin d'affiliation peut nous ramener à notre mode de fonctionnement antérieur. N'oublions pas qu'une équipe dysfonctionnelle peut aussi apporter des gains appréciables sur le plan affectif, car nous y sommes entourés et nous pouvons nous identifier à un groupe. Toutefois, si nous pouvons combler notre besoin d'affiliation dans d'autres milieux, il sera plus facile d'appliquer la stratégie de la distanciation.

Choisir la stratégie de la distanciation peut s'avérer judicieux lorsque vous pouvez trouver dans d'autres milieux une façon de répondre à vos besoins d'affiliation. Si le soutien de vos proches comble vos besoins affectifs, vous serez davantage en mesure de faire le deuil du soutien affectif de votre équipe. Cela aussi peut supposer une réflexion sur vos besoins en matière de soutien personnel et professionnel.

ACTIVITÉ DE RÉFLEXION SUR VOS BESOINS DE SOUTIEN

- Ressentez-vous un besoin de soutien affectif par rapport à votre vie personnelle et professionnelle (être écouté, compris, encouragé, soutenu, conseillé, etc.)?

  ____

  ____

  ____

- De quelle forme de soutien avez-vous particulièrement besoin?

  ____

  ____

  ____

- Le soutien social que vous recevez déjà est-il suffisant et satisfaisant?

  ____

  ____

  ____

- Qui pourrait vous apporter du soutien?

  ____

  ____

  ____

Vous pourriez penser que ces stratégies sont défaitistes et qu'elles n'apportent rien aux équipes en difficulté. Notre démarche ne vise pas à solutionner les problèmes dans les équipes dysfonctionnelles; une foule d'ouvrages sur la gestion des équipes de travail ont déjà été publiés et traitent de ce sujet. Notre démarche vise plutôt la protection du capital énergétique des intervenants engagés dans ces équipes et qui font le choix de rester dans leur cadre de travail tout en adoptant des changements de position et d'attitude à l'intérieur de celui-ci.

ACTIVITÉ DE RÉFLEXION SUR LA PROTECTION DE L'ÉNERGIE

Lisez attentivement le texte qui suit. Lisez-le en pensant à votre équipe et à votre milieu de travail, puis notez vos réflexions.

Un mendiant se présente à la porte d'un château. Il crie. Il hurle. Il gesticule. Il s'affole. Il veut entrer. Ses vêtements sont en lambeaux, sa chevelure est emmêlée, ses yeux sont rougis. Il inspire la compassion.

C'est jour de grand ménage au château. Tout le monde court à droite et à gauche. Un événement se prépare et requiert l'attention et toutes les énergies disponibles des servantes et des serviteurs.

Une servante prend l'initiative de le laisser entrer. Elle a la réputation de se dévouer corps et âme pour tout le monde même lorsqu'elle est surchargée. La présence du mendiant sème la pagaille au sein du groupe de serviteurs. Qui va maintenant s'en occuper?

Le ciel s'assombrit. Un orage éclate soudain. Tout le monde court se mettre à l'abri, mais la cour du château se trouve finalement nettoyée. Pendant l'orage, le mendiant s'asperge le visage et s'abreuve de l'eau de pluie.

Le ciel se dégage et le soleil revient. Les serviteurs se calment et le mendiant quitte tranquillement le château. Il va s'asseoir confortablement sous un grand noyer où il cueille et mange des noix. Puis, il se laisse sécher au soleil avant de poursuivre sa route.

CHAPITRE

9

L'épuisement chez les intervenants sociaux et l'organisation

Tout au long de cet ouvrage, nous avons tenté de cerner la part du JE dans le processus de l'épuisement. Nous allons maintenant porter notre regard sur la place qu'occupe le contexte organisationnel dans le phénomène de l'épuisement. Nous avons vu, au chapitre 2 portant sur la motivation, que l'épuisement est l'étape ultime du processus de la démotivation. Nous connaissons bien les symptômes de l'épuisement, mais comment pouvons-nous traduire concrètement la démotivation chez l'intervenant social?

Une variable fréquemment utilisée pour étudier l'insatisfaction et la démotivation au travail est de mesurer chez les travailleurs l'importance du désir de quitter le poste occupé ou leur milieu de travail. L'étude de Bernier et Larivière, menée auprès de travailleurs sociaux en 1995, nous apprend que les changements organisationnels ont créé une grande insatisfaction chez ce groupe de travailleurs. En effet, 36,7% des 435 travailleurs sociaux interrogés ont manifesté le désir de quitter l'établissement où ils travaillaient[1].

Dans une autre étude réalisée dans onze CLSC par Larivière en 1994, l'auteur affirme que le pourcentage des travailleurs sociaux désireux de quitter leur emploi était de 46 % contre 20,8 % pour l'ensemble du personnel, toutes catégories confondues. Il apparaît clairement dans l'étude de Larivière que les travailleurs sociaux étaient nettement plus insatisfaits et démotivés que leurs collègues des autres professions[2].

Bernier et Larivière se sont aussi interrogés sur les causes de ces insatisfactions. Les trois principaux facteurs qui incitent les travailleurs sociaux à quitter leur poste sont, par ordre d'importance: l'absence de progression et de développement professionnel dans leur carrière, le style de gestion de l'établissement et la nature même de

1. Bernier, Diane et Claude Larivière (1995), *Le Soutien organisationnel aux pratiques d'intervention en contexte de changement,* Groupe d'étude sur le soutien à l'intervention sociale (GESIS), École de service social, Université de Montréal, p. 36.
2. Larivière, Claude (1994), *Styles de gestion, satisfaction au travail et efficacité organisationnelle perçus dans 11 CLSC,* thèse de doctorat (sociologie), Université de Montréal, citée dans Bernier, Diane et Claude Larivière, *Le Soutien organisationnel aux pratiques d'intervention en contexte de changement,* p. 37.

leur travail auprès d'une clientèle particulière. L'étude précise aussi que les difficultés provoquées par les changements organisationnels sont liées à un style de gestion insatisfaisant, aux conflits de valeurs entre le travailleur social et l'organisation et au manque d'information dans les nouvelles structures organisationnelles.

Nous pouvons donc déduire que le mécontentement des travailleurs sociaux porte davantage sur la gestion de leurs supérieurs et sur le fait de ne pouvoir mener leur carrière à leur guise que sur les conditions de travail et les rapports avec la clientèle, comme cela peut être le cas dans d'autres professions d'aide. En effet, une étude effectuée par Duquette et ses collaborateurs sur l'épuisement des infirmières identifie, comme principaux éléments de stress chez ces professionnelles de la santé: les rôles mal définis, les conditions de travail difficiles, l'état de santé des patients et les conflits dans les équipes de travail[3]. Il semble donc exister des «irritants» organisationnels auxquels les travailleurs sociaux sont plus sensibles que d'autres professionnels.

La part du JE et du CONTEXTE dans le phénomène de l'épuisement

Les intervenants sociaux sont-ils trop facilement irritables et exigeants par rapport aux directions, comme pourraient le penser certains gestionnaires? Leurs conditions de travail sont-elles trop difficiles? La charge de cas *(case load)* est-elle trop lourde? Peut-on imputer la responsabilité de la situation au manque de soutien organisationnel? Bref, l'insatisfaction au travail est-elle imputable à l'individu ou à l'établissement? C'est un fait reconnu que certains milieux de travail requièrent plus d'énergie que d'autres, que certaines clientèles sont plus exigeantes que d'autres et que dans certaines équipes de travail les membres s'offrent moins de soutien mutuel que dans d'autres équipes. Par ailleurs, différents individus placés dans des conditions de travail similaires ne réagiront pas tous de la même façon, certains s'épuisant plus rapidement que d'autres.

L'épuisement est un phénomène multifactoriel. Nous sommes d'avis que la responsabilité de l'épuisement ne peut être imputée uniquement aux intervenants sociaux ou aux organisations. L'épuisement est une faillite énergétique, dont la responsabilité se partage également entre l'individu et son milieu. Il peut cependant être tentant pour bien des gens de rejeter la responsabilité de l'épuisement sur la partie adverse ou encore d'en prendre eux-mêmes toute la responsabilité en se culpabilisant. Cependant, dans une situation d'épuisement, il importe de partager l'origine des responsabilités en utilisant la grille JE / TU / CONTEXTE.

3. Duquette, André, Suzanne Kérouac, Blabir K. Sandhu, Pierre Saulnier (1995), «Étude longitudinale de déterminants psychosociaux de la santé au travail de l'infirmière en gériatrie», Faculté des Sciences infirmières, Université de Montréal, p. 5.

Les gestionnaires et l'épuisement

Dans divers organismes de services sociaux nous avons pu observer qu'il existe chez les gestionnaires certains *a priori* concernant la question de l'épuisement et surtout en ce qui a trait à la responsabilité de l'établissement. Ces *a priori* ne sont pas forcément conscients ce qui explique en partie qu'ils ne soient pas exprimés ouvertement. Nous avons choisi de les regrouper selon le type de gestionnaires qui les véhiculent.

1. Certains gestionnaires croient que l'intervenant social lui-même est responsable de son épuisement. Ils l'imputent à des événements de sa vie privée, tels qu'un divorce, une maladie ou une mortalité, ou à des traits de personnalité. Selon eux, «c'est une personne ayant un équilibre fragile, elle n'a pas de résistance au stress, elle n'est pas faite pour ce travail». Se sentant peu responsables de la situation, ils conseilleront à l'intervenant épuisé de prendre des vacances, de consulter un thérapeute, ou même de changer de profession.

2. D'autres gestionnaires ont les mêmes croyances que les premiers concernant les causes de l'épuisement chez un intervenant social, mais les solutions apportées pour faire face à la situation diffèrent. Ces gestionnaires se veulent réalistes. Lorsqu'un membre de leur équipe est épuisé, ils doivent prendre certaines initiatives, car la convention collective prévoit des mesures de maintien d'emploi. Ils envisagent donc, pour cette personne, des solutions individualisées, comme un congé de maladie assorti d'une modification du travail: réduction de tâche, mutation dans un autre service, encadrement plus serré, etc. Cependant, il arrive que ces aménagements soient considérés comme des sanctions par certains salariés.

La création des divers programmes d'aide aux employés émane probablement de gestionnaires ayant cette vision de l'épuisement. La structure organisationnelle n'est en rien modifiée et la responsabilité de l'épuisement revient à l'individu même, mais l'organisation accepte de prendre une part de cette responsabilité dans la recherche de solutions individuelles.

3. Un dernier type de gestionnaires se différencie des précédents en ce qu'il attribue une part de la responsabilité de l'épuisement de l'un des membres de son équipe à l'organisation, et parfois même parfois à son propre type de gestion. Devant un état d'épuisement, il s'interroge, se remet en cause, et remet en question la structure organisationnelle. La recherche des causes de l'épuisement est parfois difficile. Y a-t-il trop de travail, trop de dossiers? Existe-t-il des problèmes de partage de tâches et d'équité entre les employés? Les équipes fonctionnent-elles de façon coopérative?

Ces gestionnaires vont alors opter pour la consultation en équipe puis en comités spéciaux, pour des discussions en régie avec les collègues cadres et avec la direction générale. Il peut arriver que les gestionnaires de l'équipe de régie émettent des divergences d'opinions concernant les causes de l'épuisement. Ces désaccords ne seront pas sans affecter la suite des travaux des comités et le traitement des consultations réalisées. Certaines mesures mises en place pourront soulager les intervenants, tandis que d'autres resteront sans effet.

Les conditions de travail et l'épuisement

Malheureusement, les discussions qui ont cours autour de la question de l'épuisement des intervenants sociaux se limitent trop souvent aux conditions de l'organisation du travail. Peut-être est-ce la question que les intervenants sociaux et les employeurs connaissent le mieux! Travailler à réduire la surcharge de travail est souhaitable, voire nécessaire, mais cette mesure ne peut apporter qu'un répit temporaire. La démotivation et l'épuisement resteront toujours enracinés, et la situation risque de resurgir plus tard si aucune réflexion n'est faite sur la part de chacun dans l'épuisement.

Les intervenants sociaux en proie à l'épuisement doivent réfléchir individuellement aux motifs qui les incitent à s'investir dans leur profession, aux attentes qu'ils entretiennent et aux possibilités de retours que leur offre leur milieu de travail. Ils doivent poser un regard réaliste sur leurs besoins psychologiques et sur les façons d'y répondre. Pour leur part, les gestionnaires n'ont pas seulement la responsabilité de soutenir les intervenants épuisés par des programmes d'aide individualisés, mais ils ont aussi celle de réfléchir à leur style de gestion de manière à identifier les moyens de ressourcement et de soutien qui sont possibles dans leur organisation.

Bernier et Larivière déclarent, dans leur étude, que les motifs d'insatisfaction des intervenants sociaux touchent surtout le mode de gestion, l'information et le développement professionnel. Les conditions de travail ne sont pas remises en question. Pines, Aronson et Kafry, quant à eux, en arrivent à la conclusion que la surcharge de travail n'est que l'un des trois facteurs en cause dans l'épuisement des intervenants sociaux, les deux autres étant l'absence d'autonomie et le manque de gratifications[4]. Ces facteurs relèvent directement de la responsabilité des organisations.

Avant les grandes vagues de compressions budgétaires existaient, dans le secteur public, des milieux de travail où les conditions étaient excellentes et où il n'y avait pas de surcharge de travail. Pourtant, la motivation et le niveau d'énergie n'y étaient pas toujours très élevés. On y rencontrait fréquemment insatisfaction, critique et démotivation.

Les gens qui travaillent dans des organismes communautaires, où les conditions d'emploi sont précaires en ce qui a trait au salaire, à la sécurité d'emploi ou à la charge de travail, sont-ils plus démotivés et leur énergie est-elle plus basse que dans le secteur public? Rien n'est moins sûr. On trouve souvent plus d'enthousiasme et de motivation chez le personnel des organismes communautaires. La différence entre les deux types d'organisations tient aux deux facteurs définis par Pines, Aronson et Kafry soit l'autonomie au travail et la gratification. De nombreuses études démontrent que la frustration venant du manque d'autonomie au travail engendre souvent de la lassitude chez le personnel du secteur public. Le niveau de lassitude chez les intervenants augmente à mesure que baisse celui de l'autonomie, du contrôle et du temps discrétionnaire.

La surcharge de travail n'est pas toujours le facteur majeur qui mène à l'épuisement. Nous croyons que la surcharge de travail, qu'elle soit objective ou subjective, peut

4. Pines, A.M., E. Aronson et D. Kafry (1990), *Le Burn out,* Montréal, Éditions du Jour, p. 72.

être réduite si le mode de gestion offre certaines formes de soutien organisationnel. La surcharge de travail objective se rapporte à la quantité de travail effectué par période de temps: nombre d'appels téléphoniques, nombre d'entrevues, nombre de dossiers, tandis que la surcharge de travail subjective renvoie aux sentiments du travailleur: compétences jugées inadéquates, manque d'information, etc.

Dans l'étude de Bernier et Larivière, les travailleurs sociaux interrogés sur les moyens de soutien organisationnel valorisent, par ordre d'importance: des mécanismes d'information adéquats, la participation aux décisions concernant l'organisation du travail, la consultation professionnelle occasionnelle (supervision), l'accès à une expertise et à un programme structuré de perfectionnement. Ces moyens concernent surtout la réduction du fardeau subjectif, celui-ci passant peut-être par une plus grande participation des intervenants aux décisions les concernant et par une participation à la définition des priorités de l'organisation.

Nous croyons que le désir de recevoir de la supervision professionnelle peut correspondre à plusieurs éléments de prévention de l'épuisement que nous avons déjà mentionnés. En effet, le superviseur peut donner un retour direct sur l'intervention, ce que le supérieur hiérarchique n'est pas toujours en mesure de faire. De plus, le superviseur peut aider l'intervenant social à poser des limites dans son intervention et à les justifier. Il peut favoriser la «mise à distance» dans certaines situations perturbantes ou culpabilisantes. Sa position ne lui permet pas de juger ni de sanctionner les erreurs ou les faiblesses. Il occupe une position de soutien et non de contrôle.

Mais la supervision peut-elle avoir une portée sur la prévention de l'épuisement de l'intervenant social? L'importance que les praticiens accordent à une supervision régulière est corroborée par plusieurs études. Selon Koeske et Kieske, la supervision a un effet modérateur entre l'effet de la charge de travail et l'épuisement[5]. De plus, d'après Poulin et Walters, elle est un prédicteur significatif de satisfaction au travail[6]. Bien que les intervenants sociaux retirent une grande satisfaction du soutien émotionnel que leur procure la supervision, Rautkis et Koeske[7] notent qu'une forte charge de travail annule l'influence bénéfique de la supervision.

Nous pouvons conclure qu'une partie du problème de l'épuisement chez les intervenants sociaux réside dans les modes de gestion déficients et dans le manque de stratégies de prévention des organisations, et qu'une autre partie trouve son assise dans les réactions individuelles des travailleurs à ces modes de gestion.

5. Koeske, G.F., et R.D. Kieske (1989), «Workload and burnout: can social support and perceived accomplishment help?», *Social Work,* mai, p. 243.
6. Poulin, J., et C. Walters (1992), «Retention plans and job satisfaction of gerontological social workers», *Journal of Gerontological Social Work,* 19 (1), p. 99.
7. Rautkis, M.E., et G.F. Koeske (1994), «Maintaining social workers morale: when supportive supervision is not enough», *Administration in Social Work,* 18 (1), p. 39.

Les réactions individuelles aux situations de stress organisationnel

Les intervenants en voie d'épuisement utilisent tous des stratégies d'action qui peuvent les aider à faire face à des situations exigeantes et stressantes. Les trois principales stratégies que nous pouvons observer sont la fuite, la recherche active de solutions et la négation du problème. La fuite est un mécanisme applicable à bien des situations. Par exemple: se tenir loin d'une équipe qui nous détruit; refuser certains dossiers qui exigent des compétences qui dépassent les nôtres; éviter un patron qui nous blâme toujours; quitter un poste qui ne nous apporte aucune gratification. Sans discuter du bien-fondé de ces solutions, nous pouvons au moins affirmer qu'elles peuvent être bénéfiques pour certaines personnes et dans certaines situations. La fuite est une solution active qui peut parfois être nécessaire.

La deuxième stratégie, plus dynamique, consiste à rechercher activement des solutions, à adopter des attitudes positives, à s'organiser collectivement et à rechercher un soutien social auprès d'alliés ou de confidents. La troisième et dernière stratégie est, quant à elle, une stratégie passive. La personne qui l'adopte évite de regarder la situation en face, elle nie ou minimise son stress et attend que les choses se règlent d'elles-mêmes.

Nous avons observé que cette dernière stratégie est de loin celle qui demande la plus grande somme d'énergie; un grand nombre de recherches le confirme. Duquette et ses collaborateurs ont présenté un résumé des recherches portant sur les stratégies d'adaptation des infirmières[8]. Les résultats des recherches recensées démontrent que ce sont les stratégies actives de recherche de solutions aux problèmes qui étaient inversement corrélées à l'épuisement, alors que les stratégies d'évitement ou stratégies passives étaient positivement reliées à l'épuisement.

En réalité, le mouvement déployé dans une stratégie active libère les effets du stress, tandis que dans une stratégie d'évitement, l'individu demeure prisonnier de son stress. Dans une situation bloquée, c'est l'absence de mouvement ou l'inhibition de l'action qui mine l'énergie. L'individu se sent impuissant et ne voit aucune action possible pour résoudre le problème. Fuir peut être une façon de débloquer une situation tout comme aller de l'avant, se battre ou construire. Ne pas pouvoir bouger crée le sentiment de ne pas avoir de pouvoir sur la situation et sur sa vie. Combien de fois entendons-nous des gens épuisés ou déprimés nous dire «qu'ils n'ont pas le choix, que les choses ne changeront jamais, qu'ils ont tout essayé et que cela n'a rien donné?

Ces personnes minent leur énergie personnelle, mais aussi celle de leurs collègues. Si elles ne veulent pas entreprendre de changer les choses qui s'imposent dans leur vie personnelle et professionnelle elles feraient sans doute mieux de «fuir» et d'investir le moins d'énergie possible au travail, de se ressourcer dans d'autres milieux ou par

8. Duquette, André, Suzanne Kérouac, Blabir K. Sandhu, Pierre Saulnier (1995), «Étude longitudinale de déterminants psychosociaux de la santé au travail de l'infirmière en gériatrie», Faculté des Sciences infirmières, Université de Montréal, p. 5.

d'autres activités. La fuite nous empêche au moins d'être du «bois mort» et de faire porter à nos collègues le poids de notre passivité.

La nécessité de bouger pour prévenir l'épuisement

L'un des meilleurs moyens de prévenir l'épuisement chez les intervenants sociaux consiste à leur donner la possibilité de bouger, et ce, à tous points de vue. Sur le plan organisationnel, ce pourrait être de leur permettre de changer de service ou de clientèle, de changer de méthode, d'innover, de se perfectionner, de faire des projets; bref, il s'agirait d'adopter un style de gestion qui assure aux individus une plus grande autonomie, qui accentue chez eux le sentiment de pouvoir sur leur vie professionnelle et qui offre aux équipes une liberté d'action plus étendue. Nous faisions référence précédemment aux personnes qui œuvrent dans le domaine communautaire. Ces gens n'ont pas toujours beaucoup de mobilité professionnelle, mais ils ont une grande marge de manœuvre dans la façon d'organiser et d'effectuer leur travail. Leur niveau d'enthousiasme va souvent de pair avec leur degré d'autonomie.

Pour prévenir l'épuisement la nécessité d'avoir une certaine liberté d'action implique de la flexibilité organisationnelle de la part de l'établissement. La structure doit être suffisamment souple pour pouvoir accommoder l'individu plutôt que le contraindre à s'adapter à l'organisation structurelle. Pour y arriver, le gestionnaire doit tenir compte des différences individuelles pour ce qui est des goûts, des compétences, de la résistance au stress. Il lui faut répartir les dossiers les plus difficiles et les plus exigeants entre les intervenants de façon à équilibrer le nombre d'heures consacrées aux contacts particulièrement stressants. Il doit pouvoir prévoir des périodes de «relâche» pendant le travail. Dans les services particulièrement stressants et exigeants émotionnellement, il lui incombe d'offrir aux intervenants sociaux des lieux de parole pour exprimer et éliminer leur charge émotive.

Élisabeth Zucman, médecin français qui a traduit les textes sur l'épuisement professionnel en France, nous dit que pour prévenir l'usure, il faut réfléchir à son avenir dès l'obtention de son diplôme, puis continuer sa formation à bon escient. Autre nécessité: être mobile, quitte à changer de poste dans son propre établissement. Enfin, elle préconise d'organiser son travail, d'écrire sur sa pratique et de se réconcilier avec son historicité professionnelle. En résumé, les intervenants sociaux doivent échanger le risque d'usure contre les risques dynamiques liés au renouveau[9].

Les intervenants sociaux peuvent ressentir la nécessité de bouger sur les plans personnel et organisationnel, vouloir limiter leur investissement, demander des retours, faire des choix dans leur pratique ou dans leurs relations interpersonnelles, mais est-ce que l'organisation, de son côté, favorise, autorise ou censure la possibilité de faire des changements dans la pratique professionnelle des intervenants sociaux? C'est ici qu'intervient toute la question du partage du pouvoir dans l'organisation.

9. Zucman, Élisabeth, citée dans Jérôme Vachon, «Burn out: les travailleurs sociaux à l'épreuve du syndrome», *Actualités sociales hebdomadaires,* 10 février 1992, nº 6, p. 25.

Les zones de pouvoir personnel dans l'organisation

Le gestionnaire soucieux de préserver à la fois l'énergie et la motivation des intervenants sociaux sous sa direction cherchera à maximiser leur autonomie au travail tout en tenant compte des mandats de l'établissement ainsi que des limites de la réglementation et des budgets. Cependant, nous avons tous, intervenants sociaux et gestionnaires de services, la fâcheuse tendance à regarder d'abord les zones où nous n'avons pas de pouvoir dans l'organisation plutôt que celles où nous en avons. Il est peut-être plus facile de dire qu'il n'y a rien à faire devant des contraintes que de travailler à trouver des solutions. Cette réaction se manifeste peut-être par économie d'énergie à un moment où nous sommes débordés et sur la pente de l'épuisement, car réfléchir pour trouver des solutions est une tâche supplémentaire.

ACTIVITÉ DE RÉFLEXION SUR LES ZONES DE CONTRÔLE

Pour réfléchir aux zones de pouvoir, que nous pourrions qualifier aussi de zones de contrôle et de non-contrôle, nous reprendrons une fois de plus la grille d'analyse du JE / TU / CONTEXTE. Dans cette activité, les intervenants sociaux peuvent se pencher sur eux-mêmes. Les gestionnaires quant à eux ont l'option de faire l'exercice par rapport à eux comme intervenant social ou comme gestionnaire, rôle qui leur offre la possibilité d'apporter des changements dans la gestion de l'organisation.

Réfléchissez aux questions suivantes:

- Qu'est-ce que je peux changer, par ma propre volonté, chez **moi**, dans mon travail ou dans mon milieu de travail qui me ferait rester en mouvement?
- Quelle est la zone de contrôle des **autres**? Qu'est-ce que je ne peux pas changer chez les autres dans mon milieu de travail?
- Qu'est-ce qui est inchangeable dans le présent **contexte**? Comment puis-je contribuer à changer des choses dans le contexte actuel? Quelle est la part de contrôle que je peux prendre dans l'organisation pour continuer à me sentir en mouvement?
- Bilan: Quelle est ma zone de contrôle personnelle dans l'organisation? Sur quoi et sur qui ai-je de l'influence? Que puis-je conclure?

Les limites dans l'organisation

Faire une réflexion sur notre pouvoir et sur le changement dans l'organisation nous renvoie automatiquement à la notion de limite. En effet, nous pouvons prendre conscience qu'il y a des limites que nous ne pouvons pas dépasser malgré notre désir de changer des choses. Mais les obstacles aux changements viennent parfois de nous et non de l'organisation. Sur ceux-ci, nous avons davantage de prise, bien sûr.

Les limites attribuées à l'organisation peuvent être en rapport avec les personnalités que nous côtoyons ou avec les mandats et règlements existants. Mais il ne faut pas les considérer comme insurmontables et s'empêcher de tenter de les franchir. Nous connaissons tous un intervenant social qui, malgré des contraintes budgétaires, a pu convaincre ses supérieurs de la nécessité d'appuyer un projet ou une innovation. Les limites sont là pour être parfois respectées et parfois dépassées. En tentant de les dépasser, nous pourrons évaluer si les barrières viennent de nous ou de l'organisation.

Dans les chapitres portant sur les besoins et les choix, nous avons vu que l'intervenant social doit parfois s'imposer certaines limites quant à son investissement en relation d'aide. Une meilleure gestion de nos investissements d'énergie n'est pas forcément facile dans cette profession fondée sur le don de soi. Cependant, si nous avons pris conscience de la nécessité de prévenir l'épuisement, nous accepterons mieux de définir nos limites. Par exemple, refuser de nouveaux dossiers lorsque nous sommes surchargés, ne pas accepter de travailler seul dans des dossiers comportant de la violence, se retirer d'un dossier qui ne relève pas de sa compétence, refuser de faire des heures supplémentaires ou cesser toute intervention auprès d'un client qui manque continuellement ses rendez-vous seraient autant de gestes de prévention de l'épuisement. Mais que penserait alors la direction?

Dans certains milieux, la direction pourrait décréter qu'il n'appartient pas aux employés d'imposer des limites qui vont à l'encontre des règles plus ou moins formelles de l'organisation. Dans d'autres milieux, parfois sous la pression de l'opinion publique ou sous les pressions politiques, les gestionnaires pourraient considérer que l'établissement ne doit pas limiter l'accès aux services; il pourrait ne tolérer aucune liste d'attente, aucun retard dans la distribution des services ni aucun refus de client, quelle qu'en soit la raison.

Finalement, certains gestionnaires mais surtout certaines directions générales accepteront de faire face à la pression externe et établiront des limites claires dans leur établissement tant pour la clientèle que pour les intervenants sociaux. De fait, ces cadres ont tout simplement cessé d'opposer les droits des intervenants aux droits des bénéficiaires de services. Le bénéficiaire a en effet droit à des services de qualité offerts par un personnel qualifié dans des délais raisonnables. D'un autre côté, le personnel a droit à des délais raisonnables pour offrir des services de qualité tout en bénéficiant d'un soutien pour maintenir à jour sa qualification et pour prévenir l'épuisement.

Toute la question si litigieuse de la liste d'attente tourne autour de la conception du mandat des établissements. Certains conçoivent que l'établissement doit d'abord offrir un service rapidement accessible, ouvert à tous indistinctement, et surtout qui ne suscite pas de plaintes. Dans cette optique, le client est au centre des services, mais de quels services? À la limite, certains gestionnaires tiendraient presque pour acquis que le client a toujours raison. C'est leur conception d'un bon service.

Pour d'autres, le service peut se faire attendre, mais il doit être intensif, de qualité et s'adresser en priorité aux clients qui veulent s'engager à fond. Il laisse donc supposer des listes d'attente, une mise en priorité des demandes, ce qui peut évidemment générer des plaintes. Il existe évidemment une foule de positions intermédiaires entre ces deux pôles extrêmes. Mais il faut être conscient que la pression de la demande existe toujours. Si un établissement choisit de maintenir une liste d'attente, il privilégie la protection de son personnel et un service de qualité, tandis que s'il exige que toute demande soit traitée rapidement, il met sur les épaules du personnel le problème de la liste d'attente, ce qui constitue une très grande pression.

Nous sommes en présence du même dilemme que celui qu'ont suscité au Québec les programmes de maintien à domicile, mais cette fois à l'échelle de l'ensemble des services sociaux. Allons-nous saupoudrer un peu d'aide (parfois peu utile, quand il s'agit de cas lourds) à un grand nombre de personnes ou plutôt donner un service plus intensif à un plus petit nombre de personnes? C'est toute la question de l'équilibre entre la quantité et la qualité des services qui est en cause, mais là n'est pas notre propos. Nous voulons simplement ajouter à la réflexion sur l'épuisement toute la question de la satisfaction des intervenants sociaux par rapport à la qualité de leur travail. Les conditions de travail permettent-elles à l'intervenant social de fournir un travail de qualité dont il peut être fier? Cette question est intimement liée à celle de l'épuisement du personnel, car elle est en relation avec les concepts de retour, de gratification et de motivation.

Les intervenants sociaux sont les premiers touchés par les effets des compressions budgétaires, d'une part à cause de la position de certains établissements qui leur transfèrent la pression des demandes et, d'autre part, en raison des changements majeurs qui interviennent dans leur identité professionnelle. Dans cet ordre d'idées, Leseman constate:

> *On peut remarquer le déplacement majeur de l'identité professionnelle opéré par le passage du processus thérapeutique (relation d'aide) à l'évaluation psychosociale [...] Les travailleurs sociaux se décrivent souvent comme des spécialistes de l'évaluation, de la préparation des dossiers dans un univers organisationnel où l'action proprement thérapeutique, l'implication concrète dans les changements familiaux et sociaux sont de plus en plus périphériques et où le client est avant tout un dossier qui circule dans les services*[10].

Ce changement dans l'identité professionnelle des intervenants sociaux est loin de correspondre aux motifs qui les ont amenés à choisir cette profession d'aide. Il peut, de notre point de vue, contribuer au phénomène de l'épuisement chez les intervenants sociaux au même titre que la surcharge de travail et l'absence de limites clairement exprimées. Cette dernière question est régulièrement soulevée par les intervenants sociaux que nous rencontrons en formation. Le manque de limites crée un climat de flou dans les équipes et de l'imprécision dans les relations entre les intervenants sociaux et les clients. Il en découle une situation souvent plus insécurisante et insatisfaisante pour les intervenants que les conditions de travail elles-mêmes. Jusqu'où doit-on intervenir? Jusqu'à quel point est-on responsable? Dans quelles conditions peut-on poser des limites aux clients réfractaires ou très exigeants? Jusqu'à quel point la charge de travail va-t-elle augmenter?

10. Leseman, Frédéric (1988), «Le Rapport Rochon et le social: une interprétation», *Intervention,* nº 80, p. 73.

Il est évident que les intervenants sociaux ont des réponses à proposer à toutes ces questions. Ils ne sont pas toujours d'accord avec celles que leur fournissent les gestionnaires et se plaignent souvent de ne pas être consultés sur tout ce qui concerne leur pratique professionnelle. Mais par-dessus tout, ils ont besoin d'avoir des limites claires et de connaître les raisons à l'origine de ces limites. Les limites ne sont pas toujours des barreaux à une cage, elles peuvent aussi servir de balises pour guider l'intervention.

ACTIVITÉ DE RÉFLEXION SUR LES LIMITES

À partir de la réflexion que vous avez faite tout au long des chapitres précédents et de la connaissance que vous avez déjà de vous-même, réfléchissez aux questions suivantes:

- Quelles limites me suis-je fixées dans mon travail relativement à la quantité de travail, au rythme, aux diverses clientèles, aux normes, aux politiques, aux exigences de mon supérieur, aux relations avec mes collègues, etc.?
- Qu'est-ce qui pourrait m'empêcher d'imposer mes limites: mes croyances, mes peurs, mes principes, mon image personnelle, les attentes des autres, etc.?
- Qu'est-ce que j'ai envie de partager avec mes collègues au sujet de mes limites? Comment m'accueilleraient-ils à ce sujet?
- Puis-je compter sur certains membres de mon équipe pour m'aider à poser clairement mes limites et à les respecter?
- Quelles seraient les deux limites prioritaires à négocier avec mes collègues qui pourraient rallier la majorité des intervenants sociaux ou des intervenants de l'équipe multidisciplinaire?

Note: Vous pouvez vous reporter aux chapitres 8 (L'intervenant social et l'équipe) et 10 (Reprendre le pouvoir sur sa vie) pour alimenter votre réflexion sur le partage de vos limites avec vos collègues. Cette réflexion pourrait vous éclairer sur la pratique de la négociation dans l'équipe, et même vous inciter à remettre en question les limites de l'organisation en ce qui concerne la conception du mandat organisationnel. Une limite demande toujours à être explorée et peut parfois être repoussée!

Le soutien organisationnel et le retour

Rappelons que le retour se définit comme une gratification affective, sociale ou matérielle obtenue pour son investissement dans une situation. Dans le cas des intervenants sociaux, nous pourrions dire que le besoin de gratification se situe surtout sur les plans affectif (besoin d'affection) et social (besoin d'attention). La gratification peut provenir de clients satisfaits de l'intervention de l'intervenant social par rapport à leur progression dans la résolution de leurs problèmes.

Le retour peut aussi venir de collègues qui reconnaissent nos compétences ou notre succès dans le travail, qui ont de la considération pour nous en tant que personne, ou qui apprécient notre façon de fonctionner, ou encore lorsqu'ils nous montrent de l'attachement, de l'affection, et qu'ils recherchent notre compagnie.

L'organisation peut également être une source de retours ou de gratifications très importante. Les gratifications venant de l'organisation peuvent se manifester par l'entremise des cadres supérieurs, quelquefois de façon officielle ou de manière officieuse. Ces gratifications, qu'elles soient matérielles ou sociales, peuvent être des signes tangibles de reconnaissance pour un travail particulièrement bien fait. En cela, elles constituent un retour fort appréciable pour l'énergie et la motivation. Elle peut se traduire par des avantages matériels, mais les contraintes des conventions collectives empêchent les disparités de traitement. Par exemple, un intervenant social peut se voir favorisé par le choix de l'emplacement ou la grandeur de son bureau. Le retour peut également résider dans l'allocation d'un congé de formation, la participation à des congrès ou l'obtention d'une promotion.

Notre expérience nous porte à croire que les retours provenant des supérieurs hiérarchiques sont particulièrement importants pour les intervenants sociaux, tandis que leur indifférence ou leur injustice peuvent avoir des effets dévastateurs sur l'énergie des intervenants. Le gestionnaire de services qui connaît bien les dossiers les plus «chauds» des intervenants sociaux sous sa responsabilité est en position pour leur donner des rétroactions par rapport à leur travail. Celui qui est souvent présent dans le service est à même de pouvoir donner des rétroactions sur l'assiduité au travail, la ponctualité aux réunions, la qualité de la participation. On retrouve de tels gestionnaires dans des organisations qui croient à la nécessité d'une gestion des services professionnels. Ces organisations ont le souci de ne pas surcharger leurs cadres intermédiaires de tâches comptables et administratives.

Le gestionnaire que les intervenants sociaux qualifient d'«invisible», celui qui ne se montre dévoué qu'aux réunions et lors des rapports administratifs, ne peut offrir semble-t-il, des retours valables. Les retours qu'il lui arrive de donner pour valoriser les intervenants qu'il dirige ne sont pas toujours fondés sur des investissements signifiants. Comme le gestionnaire «invisible» n'est pas crédible, ses compliments semblent vides de sens surtout s'il les sème à tout vent. On le soupçonne de vouloir plaire plutôt que d'avoir le courage de faire une évaluation qui tient compte tant des points forts que des points à améliorer. Bref, le compliment est un retour valable lorsque le supérieur immédiat est impliqué et crédible. Son honnêteté intellectuelle ne le met pas à l'abri des problèmes d'équité et de justice en cette matière.

L'équité et l'égalité dans le retour

Nous avons déjà mentionné que la question de la justice sociale touche particulièrement l'intervenant social. C'est d'ailleurs très souvent l'un des motifs qui l'ont poussé à s'orienter vers cette profession. S'il est sensible à l'égalité et à l'équité pour ses clients, il l'est aussi envers ses collègues et envers lui-même. Comment le gestionnaire de services peut-il combiner l'équité dans ses manifestations de retours et le souci de ne pas créer d'inégalités entre les intervenants sociaux de son équipe? La tâche n'est guère facile.

Si un cadre intermédiaire veut distribuer son budget de formation en visant l'égalité sans donner prise aux blâmes, il devra distribuer une somme égale à chacun. S'il décide de distribuer le montant dont il dispose selon le principe de l'équité, il devra le faire en fonction des besoins ou des mérites de chacun. Dans la définition que donne *Le Petit Robert*, l'équité renvoie à une forme de jugement: elle est la «notion de la justice naturelle dans l'appréciation de ce qui est dû à chacun», la «conception d'une justice naturelle qui n'est pas inspirée par les règles du droit en vigueur». Dans bien des cas, l'équité peut s'opposer à l'égalité. Le cadre qui prend des décisions selon le principe de l'équité peut facilement se faire taxer d'injustice. Illustrons cette difficulté à gérer les retours avec équité par un exemple concret.

Dans un CLSC, l'équipe de travail compte parmi ses membres une intervenante qui manifeste des dispositions particulières pour l'organisation et un intérêt très soutenu pour la condition féminine. Cette intervenante sociale n'occupe cependant pas un poste d'organisatrice communautaire; elle fait plutôt un travail d'évaluation assez technique. Sa tâche ne la motive pas beaucoup et ne vient pas chercher son plein potentiel. Ce qui transparaît chez elle, c'est son désir de s'engager en relation d'aide dans un domaine lié aux luttes sociales tout en étant motivée par un besoin d'attention et de valorisation. Son supérieur décide de lui accorder un congé de perfectionnement en animation sociale. Il l'autorise aussi à mettre sur pied un projet d'intervention communautaire auprès des femmes, et ce, à l'intérieur de ses heures de travail. Devant le succès évident de son projet, il lui permet de s'y engager plus à fond tout en diminuant sa charge de cas.

L'initiative du cadre intermédiaire engendre de nombreuses conséquences. L'intervenante sociale voit le niveau de sa motivation et de son énergie monter en flèche. Les résultats positifs de ses interventions viennent augmenter le retour qu'elle reçoit déjà par le soutien de son organisation. Mais les choses se gâtent en ce qui a trait à ses collègues. Le fait d'avoir obtenu des avantages particuliers et d'avoir contribué indirectement à l'augmentation de leurs tâches suscite chez eux de la rancœur, qui se traduit dans les faits par une mise à l'écart progressive. De plus, ne pouvant plus se retrouver dans le clan de ceux qui critiquent, car en principe elle est «comblée» par l'organisation, elle se retrouve donc isolée du groupe.

Cet exemple démontre de façon éloquente les problèmes internes qu'une action au départ positive peut créer. Si ce cadre procédait de la même façon avec plusieurs employés, s'il distribuait perfectionnements et encouragements en fonction des compétences, du mérite ou du potentiel de développement de chacun, surgiraient certainement dans le service de la contestation et une guerre de clans. Pour bien des cadres, il est plus simple de distribuer les marques d'attention et les retours avec égalité, mais cette pratique peut laisser passer de belles occasions de faire du développement professionnel.

Pour analyser les décisions du cadre du CLSC, reportons-nous aux concepts mêmes que nous avons développés dans cet ouvrage. Qu'est-ce qui pousse ce cadre à s'engager dans sa tâche? Peut-être a-t-il lui aussi de l'intérêt pour les luttes sociales ou pour la condition féminine! Il peut aussi avoir besoin d'être vu et reconnu en tant que responsable d'une équipe qui performe et en tant que cadre d'un établissement qui fait sa marque dans le milieu. En réalité, nous avons parfois tendance dans nos équipes à reconnaître en premier lieu ce qui correspond à nos valeurs, à nos désirs ou à notre façon de voir les choses. Ceci peut nous entraîner à négliger de valoriser des attitudes ou des apports tout aussi valables comme la ponctualité, l'intuition, la persévérance ou la rigueur dans la tenue de dossiers par exemple. L'innovation, la créativité, la combativité en étaient, mais pas la rigueur professionnelle.

De fait, nous croyons qu'il y a lieu d'accorder le retour selon la règle de l'équité, c'est-à-dire en tenant compte des besoins particuliers, des mérites et du potentiel de développement de chacun, et aussi du besoin de retour de chacun. Tous les intervenants doivent recevoir un retour, peu importe ce qui le motive. Le cadre conscient de ses tendances personnelles, de ses besoins et de ses valeurs devra porter une attention spéciale au fait d'offrir du retour aux intervenants sociaux dont le style ou les valeurs ne cadrent pas avec les siens. Il doit trouver une façon de donner du retour à l'intervenant discret, à celui qui est assidu à la tâche, mais qui ne performe pas particulièrement. Il doit aussi être en mesure de reconnaître celui qui offre un rendement quantitatif ou qualitatif hors du commun, à défaut de quoi il fera face à la démotivation et il risquera de gérer une équipe en perte de vitesse.

ACTIVITÉ DE RÉFLEXION SUR LE RETOUR DANS L'ORGANISATION

Pensez aux cinq collègues que vous connaissez le mieux dans votre équipe (si vous êtes cadre, passez en revue la liste de vos employés). Notez, pour chacune de ces personnes:

- son principal besoin psychologique tel que vous le percevez (référez-vous au chapitre sur les besoins);
- le type de retour dont elle a particulièrement besoin;
- quel retour lui est accordé par le gestionnaire de services et par les autres membres de l'équipe.

Que pensez-vous de la situation du retour dans votre équipe?

Faites ce bilan pour vous-même.

CHAPITRE

10

Reprendre le pouvoir sur sa vie

Il peut sembler prétentieux et superflu de parler à des intervenants sociaux des notions de contrat et de négociation. En effet, le contrat n'est-il pas un de vos outils de travail habituels? La négociation ne fait-elle pas partie de vos tâches les plus courantes? Cependant, négocier pour soi et négocier pour les autres peut requérir des habiletés différentes. Lorsque vous négociez avec un employeur ou un organisme public pour le bénéfice d'un client, vous ne demandez rien pour vous. Lorsque vous établissez un contrat de travail avec un client, vous ne le faites pas pour vous. Dans les deux cas, vous vous situez dans un rôle professionnel clair où les seuls objectifs poursuivis ont trait au bien-être du client. Si vous demandez à un client d'accomplir telle ou telle tâche, c'est que vous croyez que cette action va le rapprocher de l'atteinte de ses objectifs.

La négociation personnelle et ses difficultés pour l'intervenant social

Négocier pour les autres ou à l'intérieur d'une intervention professionnelle ne nous concerne pas en tant qu'individu. Cette forme de négociation ne nous mène pas à formuler des demandes pour nous-même ni à clarifier nos attentes personnelles envers une personne ou une situation. Il y a fort à parier que plusieurs intervenants sociaux, excellents négociateurs lorsqu'il s'agit de leurs clients, font piètre figure quand il s'agit de négocier pour eux-mêmes. À quoi cela peut-il tenir? Plusieurs causes sont possibles.

Tout d'abord, la négociation personnelle comporte une charge émotive certainement différente de celle qui nous habite lorsque nous négocions pour les autres. Cette charge émotive varie selon certains critères: plus le sujet de la négociation est important pour nous, plus la charge émotive risque d'être considérable. Nous pouvons nous représenter, par exemple, les répercussions dramatiques que l'échec de la négociation pourrait entraîner, ou encore avoir de la difficulté à croire au succès de la négociation et nous percevoir comme des perdants.

Ces représentations mentales auront un effet direct sur notre assurance et notre performance durant la négociation. De plus, si la personne avec qui nous négocions est importante pour nous, si elle est en position d'autorité ou de pouvoir vis-à-vis de nous, notre charge émotive risque d'être plus grande. Discuter avec son fils à propos des heures de rentrée, négocier avec un entrepreneur le prix des travaux ou négocier avec son patron un congé à traitement différé ne présentent pas le même degré de difficulté. Dans le premier cas, nous sommes en position d'autorité; dans le second, en position de pouvoir (car nous pouvons refuser la proposition); dans le dernier cas, nous n'avons ni position de pouvoir ni position d'autorité.

La deuxième difficulté dans la négociation pour soi relève en bonne partie de nos valeurs personnelles. Pourquoi y a-t-il des sujets sur lesquels il est plus difficile de négocier que d'autres? Certaines personnes ont du mal, par exemple, à négocier quand il est question d'argent. Ce peut être par peur de paraître mesquins, avaricieux ou exploiteurs ou encore par crainte d'être étiquetées de matérialistes! Nous croyons que ce dernier point est le fait de bon nombre d'intervenants sociaux. D'ailleurs, plusieurs de ceux qui se sont orientés vers la pratique privée nous ont dit avoir eu du mal à s'habituer à faire payer leurs clients.

D'autres intervenants trouvent pénible de négocier des congés ou des réductions d'heures supplémentaires de travail, car le travail est une valeur importante pour eux et ils craignent de passer pour paresseux, peu engagés ou exigeants. Finalement, il y en a qui éprouvent la même difficulté pour ce qui relève de leur intimité. Ils seront mal à l'aise de s'exprimer sur des sujets comme leurs besoins sexuels ou affectifs. Nous pouvons donc déduire de ces constatations que l'image que nous projetons est de prime importance dans la négociation.

La difficulté de négocier survient également quand nous nous retrouvons en position d'autorité par rapport à d'autres et que nous croyons devoir «nous imposer» pour jouer notre rôle de parent, de professeur ou de cadre. Trop céder ou trop donner risque de modifier l'image que nous voulons projeter de nous-même. L'embarras s'empare de nous et peut nous porter à imposer brusquement, voire brutalement, nos positions à l'autre. La situation inverse peut aussi se présenter quand advient la crainte d'être jugés arrogants ou durs alors que notre désir le plus cher est de nous faire aimer de nos subalternes.

Les intervenants sociaux qui accèdent à des postes de cadre ont parfois peine à prendre la place qui leur revient dans la négociation. Leur charge émotive peut provenir soit de la position de pouvoir qu'ils détiennent, soit des enjeux de la négociation.

L'estime de soi et le sentiment de valeur pesonnelle jouent également un rôle dans la négociation. Il est essentiel, pour négocier, d'être en pleine possession de ses moyens et d'avoir le sentiment que ses demandes sont justes et légitimes.

Il est essentiel de bien comprendre l'origine de la charge émotive, de l'analyser et d'en tenir compte au moment d'amorcer une négociation. Cette démarche aide à l'apprivoiser et à se recadrer mentalement avant même de commencer à négocier. Négocier sous le poids d'une charge émotive risque d'influer beaucoup sur les résultats mêmes de la négociation. L'émotion peut nous empêcher d'adopter des positions claires et de maintenir des stratégies tout au long du processus. Les émotions brouillent l'esprit et empêchent une juste appréciation de la situation. Le talent d'un bon négociateur réside dans sa capacité d'évaluer justement la force de l'autre, ses objectifs, ses besoins ou ses peurs. De plus, la présence d'émotions trop fortes durant la négociation risque généralement de jeter le discrédit sur le négociateur, lui enlevant une partie de son pouvoir de persuasion. En analyse transactionnelle, le point de départ de la négociation est l'adoption d'une position adulte.

ACTIVITÉ DE RÉFLEXION SUR VOS EXPÉRIENCES DE NÉGOCIATION

Essayez de vous rappeler trois situations de négociation qui ont été particulièrement pénibles pour vous.

- Avec qui aviez-vous à négocier et quelle était votre position par rapport au pouvoir dans ces situations?
- Quels étaient les sujets de la négociation?
- Quelles émotions vous habitaient dans chacune de ces situations?
- Que vous disiez-vous avant et pendant la négociation?
- Avec du recul, de quoi auriez-vous eu besoin pendant cette négociation?
- Quelles sont vos conclusions personnelles par rapport à votre façon de négocier?

Les principes de la négociation

D'habitude, nos négociations avec nos patrons, nos collègues ou nos proches ont un but précis. C'est ce que les spécialistes de la médiation familiale appellent la négociation sur position. Nous voulons que notre fils entre à onze heures, que notre patron supprime une procédure que nous jugeons inutile, que nos vacances aient lieu à une période bien précise. Nous sommes centrés sur le but visé. Cette position conduit souvent à des oppositions où le plus fort gagne, celui qui a le plus de pouvoir, les meilleurs arguments, le plus de ténacité, ou encore celui qui a su placer l'autre en position de débiteur. Bref, la négociation sur position risque de nous faire perdre beaucoup de temps et d'énergie. De plus, cette forme de négociation engendre forcément un perdant, ce qui peut nous placer en situation de nous culpabiliser ou d'être culpabilisé. Ceci est valable tant dans la négociation avec nos collègues, nos patrons qu'avec nos amis ou nos enfants.

Par contre, dans la négociation sur intérêt, vous devez d'abord chercher le point commun, l'objectif qui peut rallier les deux parties, et vous devez organiser votre argumentation autour de ce qu'il y a de commun entre vous, plutôt que de vous centrer sur les éléments de divergence. Jusqu'à un certain point, vous «oubliez» le but que vous poursuiviez pour chercher une nouvelle position convenant aux deux parties. Évidemment, cela ne veut pas dire qu'il faille exclure les stratégies en demandant par exemple un mois de congé alors que nous pouvons nous satisfaire de deux semaines. La négociation sur intérêt place les deux parties en situation de gain.

Lorsque nous connaissons mieux nos motifs, nos attentes, nos besoins et nos limites nous pouvons négocier plus efficacement et nous sommes alors en mesure de faire de meilleurs choix dans notre vie personnelle et professionnelle. C'est en tenant compte de ce constat que nous avons choisi d'aborder le thème de la négociation à la toute fin de notre démarche.

La négociation et les attentes

Prenons l'exemple d'un intervenant social qui, après mûre réflexion, envisage de travailler à temps partiel. Il aura probablement à négocier avec sa conjointe et ses enfants, car le revenu familial sera plus faible et la famille devra y adapter son mode de vie et de consommation.

Mais avant même de commencer à négocier avec chacun des membres de sa famille, il lui faudra se poser la question suivante: Qu'est-ce que j'attends de telle ou telle personne? Cette question diffère considérablement de celle-ci: Comment vais-je convaincre telle personne d'accepter mon projet? La première étape de la négociation ne consiste pas à se fixer un but ou des stratégies, mais à préciser ses attentes à l'égard d'une personne en particulier.

En travaillant à temps partiel, cet intervenant social peut s'attendre à ce que sa conjointe ne soit pas très enthousiaste à l'égard de son projet, mais aussi à ce qu'elle l'écoute, qu'elle cherche à comprendre son point de vue, qu'elle l'appuie et qu'elle fasse front commun avec lui auprès de leur famille respective. Mais sommes-nous toujours capables de voir aussi clairement nos attentes avant d'aborder une négociation? Ce n'est pas toujours évident. Nous sommes souvent tellement centrés sur le but visé et sur les arguments pour promouvoir ce but que nous en oublions trop souvent de clarifier nos attentes envers les personnes avec qui nous aurons à négocier. Bref, avant même d'aborder le contenu de la négociation, nous devons exposer clairement nos attentes.

Certaines personnes nous diront parfois: «Moi, je n'ai pas d'attentes.» À cette répartie, nous pourrions opposer l'argument que dans toute situation relationnelle il y a des attentes. Parfois elles sont conscientes et plus concrètes, mais il arrive souvent qu'elles soient floues, du fait que nous ne prenons pas le temps de nous y arrêter. Dans cet ordre d'idées, les images que nous nous créons quand nous anticipons une situation nouvelle relèvent souvent des attentes. Par exemple, lorsque nous avons un rendez-vous amoureux avec quelqu'un que nous ne connaissons pas ou que nous connaissons peu, nous avons des attentes. Nous espérons ceci ou cela de notre rendez-vous, nous souhaitons une foule de choses par rapport à l'ambiance, à la conversation, à la séduction. Nous avons des attentes par rapport à nous-même, à nos attitudes, à notre propre séduction, mais aussi par rapport à l'autre.

Chaque fois que vous êtes déçu par quelque chose ou par quelqu'un, dites-vous que ce sont vos attentes qui sont déçues. Lorsque vous débutez dans un nouvel emploi ou dans de nouvelles fonctions, vous avez des attentes; vous vous attendez à une ambiance particulière, à un certain style de gestion, à certains modes de fonctionnement dans l'équipe et à certains retours concernant votre travail.

Nous pouvons cependant hésiter à préciser nos attentes par crainte de paraître idéalistes ou exigeants. De fait, nous jugeons souvent nos attentes avant même de les formuler. Il y a des gens qui considèrent leurs attentes comme des marques de faiblesse, croyant qu'il est plus noble de ne rien attendre des autres. Ne pas avoir d'attente relève souvent d'une fausse conception de l'autonomie. Pourtant, nous le savons, l'autonomie n'a rien à voir avec l'autosuffisance, et le fait d'avoir des attentes n'implique pas que nous soyions dépendants.

Les attentes sont les anticipations légitimes d'une qualité de rapports que l'on veut entretenir avec les autres. Révéler ses attentes à l'autre est un geste qui démontre de l'intérêt pour l'autre et de la maturité en relations interpersonnelles. Cette pratique offre la possibilité de réajuster nos attentes en fonction des différentes situations. Ainsi, nous évitons de coûteuses déceptions et des remarques culpabilisantes ou manipulatrices telles que «Je n'aurais jamais cru cela de toi» ou «Je m'attendais à ce que vous puissiez faire ceci ou cela». Bien des intervenants sociaux ont déjà vécu la malheureuse expérience d'être évalués à partir d'attentes non explicites de la part de leur supérieur.

La négociation avec le supérieur hiérarchique

Éviter les déceptions, la manipulation et la culpabilisation s'avère rentable en prévention de l'épuisement. Un intervenant social muté dans un nouvel établissement ou un nouveau service pourra, en entrant dans ses nouvelles fonctions, établir une relation solide avec son supérieur hiérarchique en l'invitant à négocier une certaine forme d'entente contractuelle. Pourquoi faudrait-il réserver l'usage du contrat à nos clients? Pourquoi ne pas utiliser le contrat dans nos relations de travail ou nos relations interpersonnelles? Le contrat témoigne de notre désir d'entente et de collaboration. Il importe donc de l'établir dans les tout premiers moments de nos relations de travail.

Le fait de trop attendre pour négocier un contrat peut comporter des risques. En effet, le passage du temps et des expériences vécues en commun peut créer des déceptions et des frustrations qui pourront rendre plus difficile la négociation d'un contrat de collaboration. Nous risquons alors de rester accrochés à nos déceptions, de revenir sur les mêmes blâmes ou de ne pas accorder notre confiance aussi spontanément.

La première étape de la négociation consistera à réfléchir à nos attentes. Qu'est-ce que j'attends de mon supérieur immédiat? Ce peut être de la disponibilité. Mais qu'est-ce que j'entends par «disponibilité»? Qu'est-ce qui me permettrait d'affirmer que mon supérieur est disponible? Devrait-il être toujours présent à son bureau pour me recevoir ou pourra-t-il me donner rendez-vous dans les jours qui suivent? Je peux m'attendre aussi à ce qu'il me fasse confiance en cas de plainte, qu'il me donne de la rétroaction sur mon travail, que ce soit positif ou négatif. Mais encore, que signifie pour moi la confiance?

Comme nous pouvons le voir, réfléchir à nos attentes exige une bonne dose d'effort de notre part, une connaissance approfondie de soi et beaucoup d'honnêteté sur les plans affectif et intellectuel. De plus, cette démarche nous force à préciser nos attentes. Pour en arriver à négocier sur la base des attentes, il faut que les deux parties fassent cette réflexion. En tant que cadres, combien de fois engageons-nous un nouvel intervenant sans trop clarifier nos attentes à son égard? Nous connaissons bien la description officielle de ses tâches, mais il y a bien des façons d'accomplir une tâche et, pour un cadre, la façon de travailler est souvent aussi importante que le fait de travailler. Nous sommes souvent évalués davantage sur la façon dont nous travaillons que sur le travail que nous effectuons. Bien des cadres ont vécu aussi l'expérience d'évaluer un intervenant en se fiant à leurs sentiments, sans avoir vraiment compris ce qui les décevait chez cet employé.

Chacune des parties engagées dans une négociation doit d'abord entreprendre cette démarche de réflexion. Première difficulté… le manque de temps! Au travail, la pression est si grande, les cadres intermédiaires sont tellement débordés qu'ils ont rarement le temps de faire cette démarche. Elle est pourtant essentielle et elle facilite grandement les futures relations de travail dans l'équipe. Elle simplifie aussi le processus d'évaluation pour la permanence ainsi que le processus d'évaluation continue qui devrait faire partie intégrante de la gestion professionnelle dans les services sociaux. Bon nombre d'organismes de services accordent malheureusement peu d'importance à l'évaluation. Nous sommes effectivement si pressés d'offrir des services que nous n'avons plus le temps d'en évaluer la qualité. Et lorsque nous faisons l'effort de faire des évaluations, nous les réalisons généralement selon un modèle unique: celui de l'évaluation par objectifs.

En principe, l'évaluation par objectifs est une démarche rationnelle et impartiale. En pratique, toutefois, nous savons tous que des cadres ou des intervenants ont déjà fait l'objet d'évaluations très négatives et n'ont pas été réembauchés, même s'ils avaient atteint tous leurs objectifs. De fait, l'évaluation repose sur bien des critères, en plus de celui de l'atteinte des objectifs. Les attitudes de la personne évaluée, sa mentalité, sa façon de faire, son caractère, sa capacité de solidarité, son approche d'intervention ou de gestion, tous ces éléments, et bien d'autres encore, peuvent entrer en ligne de compte dans l'évaluation. Un cadre supérieur ou intermédiaire peut être fort mécontent d'un intervenant, même si celui-ci s'est bien acquitté de ses tâches. On congédie des intervenants ou des cadres très performants parce qu'ils sont jugés trop indépendants, indociles, parce qu'ils n'exercent pas suffisamment de contrôle.

Où est le problème? Souvent il vient du fait que le supérieur n'a pas exprimé, nommé ou transmis clairement ses attentes. Mais un supérieur hiérarchique peut aussi avoir des attentes qu'il ne peut se permettre de transmettre clairement. Par exemple, il peut vouloir qu'un intervenant fasse preuve de docilité et de conformité, allant ainsi à l'encontre de la philosophie officielle de l'établissement, qui prône l'autonomie et la gestion participative. Pour être honnête, l'évaluation se doit de ne porter que sur les attentes et les objectifs précisés au départ.

La négociation avec les collègues

À l'encontre de la négociation avec le supérieur immédiat, la négociation avec les collègues n'est généralement pas nécessaire. Le travail en équipe ne comporte pas toujours une interdépendance des collègues de travail, chacun travaillant avec ses propres clients, sans plan de service ou autre forme de concertation obligée. La négociation peut s'avérer utile ou nécessaire avec certains collègues et en fonction de buts particuliers. Par exemple, deux intervenants sociaux occupant le même poste à mi-temps ou intervenant dans une même famille doivent coordonner leur travail. Il en va de même pour les membres d'une équipe multidisciplinaire intervenant dans le même dossier. L'intervenant social qui s'absente doit également négocier avec son remplaçant.

En réalité, coordination et négociation ne sont pas synonymes. La négociation peut parfois faire partie de la coordination quand il est question de façons de faire ou de différences de vue dans l'intervention. Dans ce cas, la négociation sert à ramener les intervenants à des vues semblables de manière à favoriser le bien-être du client. La négociation peut aussi porter sur des attitudes, ce qui peut s'avérer un peu plus délicat. Dans une telle forme de négociation, le client devient le point central de la négociation. Si les divergences persistent, elles peuvent à la limite faire l'objet d'une médiation de la part du supérieur hiérarchique.

Les situations dans lesquelles la négociation devient plus difficile sont celles qui concernent le bien-être personnel d'un intervenant. L'intérêt commun des deux parties n'est pas aussi facile à trouver que lors d'une négociation visant l'intérêt d'un client. En effet, l'intervenant social qui amorce une négociation avec un collègue fait état d'un besoin ou d'une forme d'insatisfaction. En d'autres mots, il fait figure de client. Il a intérêt à trouver une solution ou un accommodement pour changer la situation qui ne lui donne pas satisfaction. Celui qui demande la négociation peut se sentir en position d'infériorité ou de faiblesse et sa démarche peut s'avérer difficile.

Ce sentiment est susceptible d'influer sur le déroulement de la négociation, comme nous l'avons déjà dit, et un échec dans une négociation avec un collègue peut porter un dur coup à son amour-propre. Il peut s'ensuivre un refus de formuler toute nouvelle demande et une attitude de repli sur soi où chacun s'organise alors avec ses problèmes.

Nous pouvons analyser la négociation avec les collègues en utilisant une fois de plus la grille JE / TU / CONTEXTE. Même si j'ai la responsabilité de poser ma demande et de préciser mes attentes, je n'ai aucun pouvoir sur la façon dont cette demande sera reçue et traitée par l'autre. Le contexte, quant à lui, peut expliquer la difficulté ou l'échec d'une négociation. Je ne suis responsable que de ma façon de négocier, c'est-à-dire des stratégies et des arguments que j'utiliserai. Mais je suis aussi responsable de la position que j'adopterai à la suite de la négociation.

Nous pourrions apporter ici une foule d'exemples, mais nous en reviendrons toujours aux principes suivants: pour en arriver à préserver notre énergie, il importe de préciser nos attentes. Cette pratique nous évite d'aller dans tous les sens en tentant de deviner ce que les autres attendent de nous et en risquant de nous retrouver en situation d'échec sans avoir pu en comprendre la cause.

CHAPITRE

11

Bilan

Nos interventions thérapeutiques et nos observations en cours de formation nous permettent d'apporter deux remarques importantes au sujet du traitement de l'épuisement. La crise du *burn out* peut être résolue avec succès et même, dans certains cas, constituer une occasion de croissance personnelle dans la mesure où les causes profondes de cet épuisement sont reconnues et où des changements sont apportés à l'échelle des valeurs personnelles des intervenants. Ces changements de valeurs vont se traduire inévitablement par des changements d'attitudes en rapport avec soi et avec les autres.

Ceux qui n'auront pas réussi à découvrir les racines de leur épuisement risquent au contraire de vivre cette situation comme un échec dont ils ne pourront pas tirer d'enseignements utiles. Le repos, les vacances, les conseils d'usage pour ce qui regarde le stress pourront être temporairement d'une certaine efficacité. Mais sitôt les effets bienfaisants du repos estompés, ils risquent de se retrouver de nouveau dans le processus de la démotivation et de l'épuisement. Ces intervenants vont donc se retrouver dans des phases cycliques de préépuisement, d'épuisement, de congés et de retours, comme si ce mode de fonctionnement constituait une fatalité pour eux.

Le succès du traitement de même que la prévention de l'épuisement résident dans le changement. Tout changement, qu'il s'agisse d'un changement de croyances, de perceptions, d'attitudes ou de comportements, va modifier notre façon d'envisager le monde. Ce changement peut se réaliser soit par le retrait, soit par l'addition d'un élément. Nous pouvons, en effet, abandonner des croyances, des idées, des attitudes ou des habitudes. Nous pouvons aussi acquérir des idées ou des attitudes nouvelles, ou encore rétablir l'ordre de priorité de nos valeurs.

Le résultat de ce bilan constitue donc l'héritage que vous vous léguez en lien avec votre désir de gérer plus adéquatement votre capital santé. La fin de cette démarche de réflexion sur la prévention de l'épuisement marque le moment de faire le bilan de ce que nous choisissons d'abandonner et de ce que nous avons acquis de nouveau.

ACTIVITÉ DE RÉFLEXION SUR LES DEUILS ET LES ACQUIS DE LA DÉMARCHE

Nous vous invitons ici à faire le bilan des deuils et des acquis que vous avez faits tout au long de cette démarche de réflexion. Dans un premier temps, faites un retour sur les différents thèmes abordés et sur les activités de réflexion réalisées. Reprenez contact avec les émotions que ces exercices ont soulevées en vous et avec les réflexions qui vous sont venues à l'esprit.

- Nommez trois choses que vous avez décidé d'abandonner dans votre vie. Il peut s'agir d'idées, de croyances, d'habitudes, de façons de faire, de comportements, etc.
- Pour chacun de ces deuils à faire, choisissez un objet ou une image qui symbolise pour vous ce que vous abandonnez. Faites ce choix le plus spontanément possible, sans prendre le temps d'y réfléchir ou de l'analyser. Si cela vous convient, faites le rituel suivant. Vous pouvez vous défaire concrètement de ces objets en les enterrant, en les jetant, en les brûlant ou de toute autre manière que vous imaginez. Ce rituel pourrait avoir un effet d'ancrage par rapport aux deuils que vous désirez faire.
- Faites le même exercice relativement aux legs que vous vous donnez dans cette démarche. Choisissez trois choses que vous avez acquises et représentez-les aussi par trois objets symboliques. Si cela est possible, portez votre choix sur des objets assez petits pour être transportés facilement.
- Nous vous suggérons de placer ces trois objets bien en évidence. Ce sera votre «espace-protection». Lorsque vous vous sentirez happé par le tourbillon de la vie quotidienne, sans contrôle sur votre vie et en perte d'énergie, reportez-vous à votre «espace-protection». Remettez-vous en contact avec les principes, les idées ou les changements que ces objets symbolisent et replacez-vous le plus rapidement possible dans votre trajectoire santé.
- Si ces objets sont spéciaux, ils attireront sans doute l'attention de vos clients et ceux-ci voudront peut-être vous interroger à leur sujet. Vous pouvez choisir de partager ce qui vous convient et ce sera peut-être une occasion pour vous de parler de certains principes relatifs à la prévention de l'épuisement tout en vous permettant de faire valoir la valeur de vos énergies et qu'il importe de les respecter.
- Vous pouvez décider de présenter votre «espace-protection» à un collègue, à un ami ou à votre conjoint ou conjointe et d'expliquer le choix de vos objets symboliques. Si vous effectuez cette démarche en même temps que quelqu'un d'autre, il pourrait être particulièrement intéressant d'échanger à propos de vos legs réciproques. Les collègues qui nous sont proches peuvent nous aider à maintenir nos nouvelles attitudes de protection. Ils sont bien souvent en mesure de voir avant nous les premiers signes de fatigue ou d'épuisement.

Orientations bibliographiques

Sur l'épuisement

Bernier, D. (1994), *La crise du burn out,* Montréal, Éditions Stanké, 180 p.

Freudenberger, H.J. (1987), *Le burnout chez la femme,* Montréal, Éditions Transmonde, 358 p.

Pines, A.M., E. Aronson et D. Kafry (1990), *Le Burn out,* Montréal, Éditions du Jour, 303 p.

Sur l'énergie

Lowen, A. (1975), *La Bio-Énergie,* Montréal, Paris, Éditions du Jour / Tchou, 306 p.

Lowen, A. (1988), *La dépression nerveuse et le corps,* Paris, Tchou, 297 p.

Laguë, M. (1991), *Où est passée mon énergie,* Varenne, Les Éditions de Varenne, 156 p.

Sur la culpabilité

Arcand, M. et L. Brissette (1994), *Prévenir l'épuisement en relation d'aide: guide d'auto-formation,* Boucherville, Gaëtan Morin éditeur, 84 p.

Engel, L. (1992), *La culpabilité: pour en finir avec la culpabilité et l'autopunition,* Montréal, Éditions du Jour, 293 p.

Ruben, D.H. (1996), *Le sentiment de culpabilité: dix étapes pour s'en libérer,* Paris, Édtions Dangles, 240 p.

Sur la surresponsabilité

Stern, E.E. (1989), *La femme indispensable,* Montréal, Éditions de l'Homme, 294 p.

Sur le choix

Glasser, William (1997), *La théorie du choix,* Montréal, Chenelière/McGraw-Hill, 291 p.

Marquier, A. (1991), *Le pouvoir de choisir,* Montréal, Éditions Universelles du Verseau, 281 p.

Mirabel-Sarron, C. et B. Rivière (1993), *Précis de thérapie cognitive,* Paris, Dunod, 167 p.

Sur la santé

Goleman, D. (1997), *L'intelligence émotionnelle,* Paris, Laffont, 419 p.

Selye, H. (1974), *Stress sans détresse,* Les Éditions La Presse, Montréal, 175 p.

Simard, J.P. (1980), *Comment déborder d'énergie,* Éditions de l'Homme, Montréal, 195 p.

Simonton, C., Simonton, S.M. et Creighton, J. (1982), *«Guérir envers et contre tous»,* Paris, ÉPI, 335 p.

SIRIM (1983), *Alors survient la maladie. La vie quotidienne vue à la lumière du fonctionnement du cerveau,* Montréal, Empirika/Boréal Express, 467 p.

Sur les rôles

Bradshaw, John (1992), *La famille,* Montréal, Les Éditions Modus Vivendi, 342 p.

Satir, Virginia (1971), *Thérapie du couple et de la famille,* Paris, ÉPI, 251 p.

Steiner, C. (1981), *À quoi jouent les alcooliques,* Paris, ÉPI, 213 p.

Steiner, C. (1984), *Les scripts de la vie des gens,* 445 p.

Sur la négociation

Cohen, H. (1982), *Tout peut se négocier,* Montréal, Éditions Select, 289 p.

Gordon, T. (1979), *Enseignants efficaces,* Montréal, Éditions du Jour, 502 p.